La Carta de Santiago

Guía de Estudio

Auspiciado por:
Visión Mundial

Coedición con:
Escuela Ecuménica de Ciencias de la Religión,
Universidad Nacional de Costa Rica

Editorial SEBILA
Universidad Bíblica Latinoamericana

Edición: Francisco Mena O.
Diagramación / diseño portada: Damaris Alvarez Siézar

Copyright © 2011

Reservados todos los derechos

San José, costa Rica
Año 2011

ISBN: 978-9977-958-50-7

Visión Mundial
Apdo 798-2350
San Francisco de Dos Ríos,
San José, Costa Rica
Tel.: 2547-1717
Fax.: 2547-1818
www.visionmundial.com

Escuela Ecuménica de Ciencias
de la Religión, Universidad Nacional
Apdo 86-3000
Heredia, Costa Rica
Tel.: 2562-4061 / 2562-4062
Fax.: 2562-4063
ecumenic@una.ac.cr
www.una.ac.cr/teología

Universidad Bíblica
Latinoamericana
Apdo 901-1000
San José, Costa Rica
Tel.: 2283-8848 / 2283-4498
Fax.: 2283-6826
ubila@ice.co.cr
www.ubila.net

La Carta de Santiago
Guía de Estudio

Francisco Mena Oreamuno

Contenido

PRESENTACIÓN METODOLÓGICA EL CAMINO PARA LEER SANTIAGO — 7
  Escuchar el corazón de las otras personas — 10
  ¿Cómo empezar? — 12
  El trabajo con las comunidades y el aprendizaje personal — 14
  Una apertura adecuada de y al Espíritu — 14
    Crear un ambiente de libertad — 15
    El conversar también apunta hacia logros concretos — 17
    Los consensos nos llevan a momentos especiales — 18
    El trabajo con Santiago — 22
    Calcular los tiempos — 23
    La evaluación — 24
    Santiago para profesionales en teología, Biblia y Pastoral — 26

CAPITULO 1 SANTIAGO: LOS PRIMEROS TEMAS DE CONVERSACIÓN — 27
  Cuando descubrí Santiago — 29
  Santiago: un texto que no gustó — 32
  ¿Quién escribió Santiago? — 34
  Santiago y el auditorio de su texto: El vocativo "Hermanos míos": situación socio-cultural y completud — 40
  El género literario de Santiago, su ambiente vital y su propósito — 47
  La sabiduría y Santiago — 52
  Contexto Cultural de Santiago — 60

CAPÍTULO 2 LA ESTRUCTURA DE SANTIAGO — 65
  La estructura de Santiago 1 desde una traducción en español — 69
  Estructura del capítulo 1 desde el griego — 81
  Las distintas secciones de Santiago — 84
  El capítulo 2 — 85
    Primera sección 2.1-13 — 85
    Sección central e inicio de la segunda sección 2.14-16 — 85
    Segunda sección 2.17-26 — 87
  El capítulo 3 — 90
    Primera sección: 3.1-12 — 90
    Segunda sección 3.13-18 — 92
  La sección 4.1-5.6 — 94
  La relación entre el Capítulo 1 y la sección 5.7-20 — 96
  Resumen — 98

CAPITULO 3 SANTIAGO 2.1-13: ANTECEDENTES, TRADUCCIÓN Y ESTRUCTURA   **99**

   Acoger/discriminar según la apariencia: el significado de "acepción de personas"   **101**

   El tejido de Santiago 2.1-13   **103**

   Cómo el autor expresa su pensamiento: la estructura de Santiago 2.1-13   **105**

CAPÍTULO 4 SANTIAGO 2.1-13: ESTUDIO SOBRE LA BASE DE LA ESTRUCTURA   **115**

   Estudio de las secciones A y A´: Santiago 2.1 y 13   **117**

      La Fe de Jesús en Santiago y Pablo   **118**

   Estudio sección B: Santiago 2.2-7   **120**

      El uso de la frase "Señor de Gloria" en Santiago y Pablo   **123**

      Santiago 1.9: "gloriarse" en tensión con integridad   **127**

   La no acepción de personas: una subversión del contexto socio-cultural de Santiago y de Pablo   **132**

   Blasfemar, hablar mal, aspectos sobre el chisme en el contexto de Santiago   **137**

   Estudio de sección B´: Santiago 2.8-12   **141**

   Ley e integridad: Mateo ilumina a Santiago   **152**

   La ley real: Levítico y Santiago   **160**

   Reflexión final   **162**

TRABAJOS CITADOS   **163**

VISIÓN MUNDIAL: Declaración de Misión   **167**

Presentación metodológica

El camino para leer Santiago

Este libro es una guía de trabajo con el Escrito Sapiencial de Santiago conocido como Carta de Santiago. En un primer momento fue un texto dedicado a programas de grado universitario que luego fue trabajado con una comunidad de pastores y pastoras en Siquirres, Costa Rica. Desde un inicio fue pensado para acompañar a estudiantes de teología en su formación para obtener el título de Licenciatura en Teología. Por esta razón es un texto académico en muchos sentidos. Se esfuerza por enseñar elementos básicos de la exégesis del Nuevo Testamento (en adelante Segundo Testamento). No obstante, ha sido una profunda inquietud personal dedicar el mayor esfuerzo posible a cultivar el conocimiento de la fe cristiana según sus escritos fundadores a las personas de las comunidades de fe. Este sentir tiene que ver con mi experiencia en la Lectura Popular de la Biblia. Esta versión está dedicada a la formación de profesionales en teología o Biblia, pero aporta elementos de trabajo con las comunidades. Esto es así porque la formación bíblico-teológica, en la mayoría de los casos es para apoyar a las comunidades de fe. Así que he mantenido esta primera parte como una introducción metodológica para el trabajo con comunidades.

La presente versión ha sido un esfuerzo de cooperación entre la Escuela Ecuménica de Ciencias de la Religión de la Universidad Nacional de Costa Rica, la Universidad Bíblica Latinoamericana, Visión Mundial Internacional y Visión Mundial Costa Rica.

Estudiar Santiago implica revisar nuestra comprensión del Segundo Testamento como un todo. Este es un texto olvidado, relegado y secuestrado. Santiago no es un texto sencillo, es un texto crítico y que reta al seguimiento leal a Dios. Es difícil tipificarlo como una obra teológica, es más bien el trabajo de un Maestro que exhorta a otros Maestros a vivir en integridad. Los llama a ser consecuentes con nuestro Dios y a poner el punto de vista de Dios por sobre los poderes de este mundo.

Escuchar el corazón de las otras personas

En mis años de experiencia en la formación bíblica y teológica he aprendido que las personas se preocupan mucho por alcanzar objetivos en los encuentros de formación. Aunque esto tiene su mérito, también he aprendido que el conversar es la mejor forma de afectar a otras personas. El arte de conversar no tiene más objetivo que el de cultivar una relación. Por eso, todo proceso de formación es la creación de relaciones. Lo que implica, sin duda, la empatía.

La educación popular no trata de contenidos, ni de convencer a otra persona de la necesidad de hacer algo. Más bien, la educación popular desarrolla la conciencia de la presencia real de un mundo nuevo y lo hace mientras se aprende a convivir unas personas con otras en el respeto. El respeto es la capacidad de aceptar lo que la otra persona es y asumir su legitimidad sin más, sin presionar a que cambie, a que piense distinto.

La conversación, entonces, no es un medio para algo, es un fin en sí mismo. Se conversa porque al conversar vamos entretejiendo nuestra vida con la de otras personas y en ese ejercicio aprendemos a actuar colectivamente en beneficio de unos y otros.

Conocer es vivir y vivir es conocer. Esta forma de sintetizar el conocimiento aporta una visión diferente de los procesos de formación. El primer aprendizaje efectivo es asumir la legitimidad de la otra persona sin más. El segundo aprendizaje es cooperar con esa persona para mejorar la vida de ambos. El tercer aprendizaje es que, en el mejorar la vida de ambos, mejoramos el lugar donde vivimos, nuestra comunidad. El tema, como se puede apreciar, no es el cambio, es la relación en el respeto y la cooperación.

Las implicaciones son muy significativas. Una de ellas es que al no esperar cambios en la vida de otros me concentro en el valor de las otras personas en lo que son y lo hago ver, lo expreso. La sinceridad juega un papel fundamental. Si yo me propongo hacer algo para lograr un cambio en otra persona inicio al revés. Empiezo por establecer la ilegitimidad de la otra persona. Esto mismo es lo que hace la educación formal con la niñez y la adolescencia, la educación formal de las mujeres y la educación de las personas adultas. Usualmente se inicia un plan de educación porque se presume que estos grupos mencionados no saben, están carentes de conocimiento.

La educación popular no hace esto. Hace lo contrario. Inicia por asumir que las personas valen ya, en el ahora, por su experiencia, por su vida vivida y sufrida. Así que lo más importante es asumir su legitimidad. La educación popular debe negarse rotundamente a manipular el ser de las personas. Todo lo contrario, es el valor que tienen expresado en sus vidas y sus luchas por sobrevivir o vivir mejor, lo que las hace especiales. Al trabajar con sectores populares uno se esfuerza

por dejar manifiesto su quehacer, el valor de lo vivido y desde ahí, se le abre la posibilidad de abrir nuevos espacios de conversación.

Entonces, cuando uno inicia por asumir la legitimidad de las personas, el camino que toma es el de la escucha atenta y en ella, el cultivo de la convivencia en la cooperación.
Así, lo que yo me propongo toma un segundo lugar, abierto a la vida de la comunidad. Las otras personas son significativas, no se juzgan, no se contabilizan sus logros, no se califican. Se convive con ellas y en el convivir respetuosamente el valor de unos y otros se potencia y se gestiona el bien común.

Se escucha el corazón de la otra persona, sus motivaciones, sueños, frustraciones, dolores y alegrías. Eso es lo que hace de un proceso de formación algo significativo. A fin de cuentas lo que se cultiva es el amor y en el amor se beneficia toda la comunidad.

¿Cómo empezar?

Tanto las personas que estudian teología como las personas que son facilitadoras en formación bíblico-pastoral inician con la lectura de esta presentación. Una vez terminada se lee detenidamente el texto de Santiago en la Biblia de uso común.

Luego, terminadas tanto la lectura de esta presentación como la Santiago, Biblia en mano se inicia el estudio de Santiago con el soporte de este libro. El libro contiene cinco secciones:

1. El camino para leer Santiago: presentación metodológica para el trabajo con comunidades.

2. Santiago: los primeros temas de conversación que es una introducción al escrito sapiencial de Santiago.

3. La estructura de Santiago: que expone el proceso para identificar una estructura y una propuesta de estructura de cada sección del texto.

4. Los capítulos 4 y 5 comprenden el estudio exegético de Santiago 2.1-13, texto desde el cual revisaremos las distintas secciones del escrito.

Es necesario iniciar por la lectura de esta **presentación metodológica**. Se trata de un ponernos de acuerdo sobre lo que vamos a hacer. En ella resumo mi experiencia en educación, tanto universitaria como popular, pero sobre todo, mi experiencia como ser humano en el esfuerzo de conectarme con otros seres humanos y compartir la vida aun y cuando sea por un breve tiempo. Conectarse con otro ser humano es crear empatía, o dicho de otro modo: aprender a amar. En esto del amor uno debe ser consciente de que entre más amor, más empatía, más ternura da, más tiene uno capacidad de dar.

Lo dicho marca una experiencia muy importante: el amor nos mueve. Nos mueve a estudiar, nos mueve a aprender, nos mueve a participar y a cooperar. Será necesario revisar nuestras vidas para luego compartir ese camino con otras personas. En el campo de la vida de fe, la experiencia de amar y cultivar el amor, es la fuente.

La sección segunda "**Santiago: los primeros temas de conversación**" es la introducción a lo que sabemos y no sabemos sobre este texto. Como verán Santiago ha sido un texto olvidado y hasta desechado de la tradición cristiana, por eso, este libro trata de rescatarlo, de ponerlo de nuevo sobre la mesa de la fe. Hay este dicho "no todo lo que brilla es oro", pero también uno puede pensar que muchas cosas que no nos parecen brillantes son oro. Así pienso de Santiago: un joya que ha sido olvidada en un cajón y con el tiempo, simplemente, la damos por perdida. Inicio por describir las cosas generales: ¿cómo descubrí Santiago? ¿Quién es su autor, a quién le escribe? Pero sobre todo esto ha sido mi interés mostrar la relación de Santiago con la tradición de Sabiduría (Sapiencial): Proverbios, Eclesiastés, Eclesiástico (Ben Sirá), Sabiduría de Salomón. Esta perspectiva ya ha sido valorada por autores en los Estados Unidos, pero aquí no, solo un hombre que se llamó José Severino Croatto, y antes de él una mujer, Elsa Tamez.

La tercera sección trata sobre la **estructura de Santiago**. El arte de leer la Biblia es el arte de entender el mundo que la parió. Ese mundo era oral. La escritura aunque existía seguía los modos del buen conversar. Tomando en cuenta eso, uno debe aprender a observar cómo habla un texto, su ritmo, su dinámica y demás. La estructura es difícil de definir pero se puede entender con un ejemplo: el esqueleto humano y el de los animales es una estructura, este le da forma a los cuerpos. Si tuviéramos 30 costillas de cada lado tendríamos el torso el doble de largo que el de hoy, pero si tuviéramos 5 lo tendríamos como la mitad. Eso cambiaría totalmente la forma de nuestros cuerpos. Así la estructura, es lo que le da cierta forma a los textos y nos indica los lugares que una persona autora quiso subrayar.

En esta sección trabajaremos cómo hacer una estructura y la estructura de Santiago. Es importante señalar, como se verá, que Santiago ha sido tipificado desde muy temprano del siglo pasado como un escrito sin coherencia que une dichos solo usando palabras aunque estos dichos no tengan mucha relación unos con otros. Además se ha dicho que Santiago es un texto básicamente orientado hacia la exhortación y la conducta. Pero Santiago es un escrito bien armado y no es de extrañar que use el mejor griego del Segundo Testamento (Nuevo Testamento). Su autor sabía escribir muy bien y sabía el arte de la retórica que es una forma de hablar especializada en mover las emociones de su auditorio.

Los siguientes dos capítulos comprenden el estudio de **Santiago 2.1-13** y en particular el uso y significado del término **"acepción de personas"**. Desde el estudio de estas secciones veremos las múltiples relaciones que existen en las distintas secciones de Santiago y su relación con Pablo y Mateo. Lo que se implica al usar este término es una clave para comprender Santiago y su esfuerzo por hacer que los Maestros de las comunidades asumieran una vida íntegra en la lealtad a Dios.

Tengo que indicar que este libro no trabaja cada sección de Santiago y eso se debe al tamaño del trabajo que implica la tarea. He llegado a la conclusión que con un estudio profundo de una sección como Santiago 2.1-13, la persona si se esfuerza será capaz de seguir estudiando las otras partes por su cuenta.

El trabajo con las comunidades y el aprendizaje personal

Solo existe un aprendizaje: aquel que es significativo. Nunca se aprender unos contenidos o se prepara uno para una evaluación. Esto funciona si lo que se busca es pasar un curso. Pero si lo que uno desea realmente es aprender algo, el papel central lo juega el interés. En el campo de la teología, el estudio de la Biblia o la acción pastoral, todo cuanto se hace tiene que afectarnos profundamente ya que estas áreas tienen que ver con nuestra vida de fe. Por esta razón nos interesan porque son parte fundamental de nuestras vidas.

Con el tiempo, sigue extrañándome que las personas estudien cursos bíblico-pastorales o teológicos con la idea de superar evaluaciones o de obtener buenas notas. Todo lo contrario, este tipo de estudio tiene que ver con una revisión de uno de los aspectos más significativos en nuestras vidas: cómo seguir a Jesús, cómo vivir como él vivió, cómo ser discípulos/as suyos. La Biblia se estudia porque nos gusta, porque en ella encontramos alivio, fortaleza, compromiso, paz… Eso significa que la manera de acercarnos a un texto bíblico es con una verdadera apertura de corazón y mente.

Dicho esto, expondré algunas ideas para ayudarnos tanto en el aprendizaje personal como en el facilitar procesos de formación en las comunidades.

Una apertura adecuada de y al Espíritu

Primero que todo, uno necesita ponerse en una posición espiritual propicia para el aprendizaje: ¿por qué estoy estudiando esto que estudio? Debe uno reconocer que sabe muchas cosas pero que, para aprender, necesita poner en cuestión eso que sabe.

Digamos que la experiencia podría parecerse a una persona que cambia de trabajo y para ir al nuevo trabajo se cambia de casa a un lugar lejano y desconocido. Uno habla el mismo idioma pero necesita aprender las direcciones, hacer amigos y amigas, buscar dónde comprar la comida, dónde está el hospital, y cosas por el estilo. Pero digamos también que el nuevo lugar está en medio de las montañas y está rodeado de una selva muy cerrada. Todo resulta nuevo. Pero uno está ahí alegre de empezar un nuevo trabajo con nuevas esperanzas, con unas ganas de tener una vida mejor. ¿Qué se hace? Aprender de nuevo. Eso no quita que nos de miedo la selva, que desconfiemos de los vecinos a quienes no conocemos, que nos cueste adaptarnos a un nuevo mundo.

Pero en este momento, frente a lo nuevo, podemos abrir ventanas y puertas, salir a caminar, conocer ese mundo. O, por el contrario, encerrarnos en la seguridad de nuestra casa y dejar que ese mundo pase delante de nosotros sin vincularnos.

La seguridad y el miedo nos ponen en desventaja. Hacen que dejemos de crecer y madurar, reducen nuestro testimonio. Pero es cierto que la libertad nos llena de temor y ese temor nos abriga, en un sentido nos conforta, y nos hace sentir más cerca de Dios. Estamos seguros/as cuando el temor nos hace no dar el paso hacia la libertad. Vivir en libertad significa que todo está por hacer, que nada de nuestro mundo seguro y cálido es la última palabra. La libertad nos pone en el verdadero espacio de vivir en la fe. Allí, frente al horizonte desconocido, decidimos si vivir confiando en Dios o si es mejor aferrarnos a la seguridad de nuestras creencias.

Es evidente que estamos en una situación paradójica: caminar en la libertad ante un horizonte inmenso y sin seguridades o, habitar el temor y crear fortalezas para que nada de nuestro mundo cambie. Lo paradójico es que a ambas experiencias les llamamos fe.

Las personas que abrazaron el cristianismo en los escritos del Segundo Testamento tuvieron que asumir la primera opción: vivir en la libertad en Cristo (Gá 5.1ss). Lo que habían vivido hasta ese momento ya no les servía. Tuvieron que romper con la forma de vida que les daba seguridad. Por eso las protestas de Pablo, las llamadas de atención de Jesús. El Segundo Testamento se lee desde esa libertad que tuvo un costo muy alto.

Así, el espíritu apropiado para iniciar un estudio bíblico formal y popular a la vez, es esta libertad y hoy también tiene su precio.

CREAR UN AMBIENTE DE LIBERTAD

Las personas facilitadoras pondrán todo su esfuerzo en crear un ambiente de libertad y respeto. Esto es el punto de partida para iniciar el trabajo con el grupo. De igual manera este es el camino para las personas que estudian formalmente teología. ¿Cómo hacer eso?

Conozca o no conozca al grupo, el punto de partida para crear un ambiente de libertad es decir lo que uno desea y ponerlo a disposición del grupo. En el caso del estudio de Santiago, el tema que propongo como guía de trabajo es la integridad. ¿Podemos decir una cosa y actuar en forma diferente a lo que decimos? ¿Vivimos tan divididos internamente que hacer eso nos parece razonable? ¿Cuándo hablamos de integridad nos referimos a vivir de acuerdo a los que nos han enseñado o a vivir en el seguimiento a Cristo?

Esas son mis inquietudes. Eso me movió a hacer este libro. ¿Qué tan enterrados estamos en el modo de ser de nuestra sociedad que aun vivir el evangelio es

El estudio bíblico es una tarea común, el objetivo es crear un consenso en el conversar y así compartir y crear un mundo que nos enriquezca a todas y a todos.

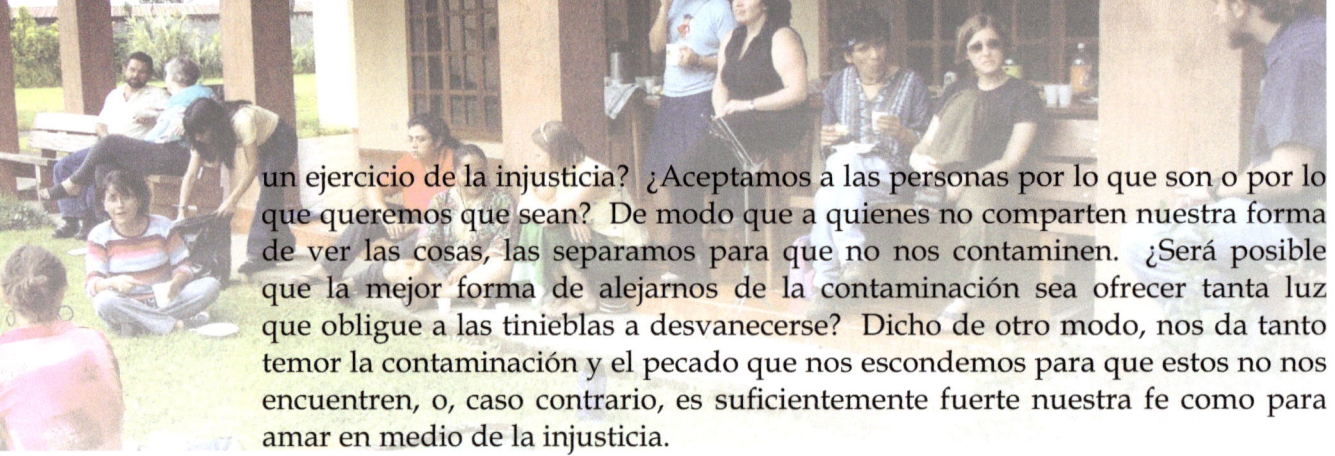

un ejercicio de la injusticia? ¿Aceptamos a las personas por lo que son o por lo que queremos que sean? De modo que a quienes no comparten nuestra forma de ver las cosas, las separamos para que no nos contaminen. ¿Será posible que la mejor forma de alejarnos de la contaminación sea ofrecer tanta luz que obligue a las tinieblas a desvanecerse? Dicho de otro modo, nos da tanto temor la contaminación y el pecado que nos escondemos para que estos no nos encuentren, o, caso contrario, es suficientemente fuerte nuestra fe como para amar en medio de la injusticia.

No se trata de cuánto sepa la persona facilitadora sino de cuánto signifique este estudio para ella. Si para ella el estudio de Santiago es significativo, entonces, todo cuanto le viene del corazón es el punto de arranque del trabajo en grupo. Es claro que, lo siguiente, es dejar a la gente decir también lo que siente frente a esta apertura de corazón.

Allí está el corazón de la conversación: decir y escuchar con atención y cuidado. Todo cuanto se dice es sagrado. Es la comunidad de fe abriendo un espacio de sinceridad y compañerismo. Ahora podemos establecer una serie de acuerdos sobre lo que se va a estudiar.

Con el grupo de pastores y pastoras de Siquirres (Limón, Costa Rica) llegamos a los siguientes acuerdos:

    a. No hagamos monólogos extensos cuando nos toque compartir.

    b. Respeto a alguna opinión que sea diferente a la nuestra

    c. No interrumpamos cuando otra persona está exponiendo

    d. Levantar la mano para participar

    e. Valorar la capacidad de cada uno para desarrollar el tema.

    f. Atrevernos a hacer preguntas. No existen preguntas tontas.

    g. Usar un lenguaje comprensible.

    h. Apagar o silenciar los teléfonos.

Estos acuerdos no son leyes que deben ser cumplidas al pie de la letra. Son lo que son: acuerdos. Cuando una conversación fluye en la libertad y el respeto la gente participa aun entrando a participar mientras otra persona habla. Interrumpir es cuando la persona que tiene la palabra es callada por otra. El cuidado que uno tiene en estos momentos es promover y facilitar que cada persona tenga las condiciones de decir lo que siente y desea decir. Si otra persona entra en la conversación dejando sin espacio a quien estaba hablando en ese momento, lo mejor es dejar caminar las cosas y cuando termine, redirigirse a la persona que tenía la palabra y motivarla para que termine la idea.

Si este tipo de interacción no modifica negativamente el ambiente de conversación, lo mejor es dejar las cosas como están. Pero si lo modifica negativamente, es necesario posteriormente releer los acuerdos y promover que las personas digan aquello que les molesta. Recordemos que además de Santiago, el tema de fondo es convivir en el respeto.

El conversar también apunta hacia logros concretos

El camino iniciado requiere ahora que nos pongamos de acuerdo en lo que queremos lograr con este esfuerzo. Es un esfuerzo porque todo cuanto hacemos implica trabajo, disciplina y dedicación. Aquello que es significativo es también laborioso. Qué decir, por ejemplo, de atender a un hijo o una hija pequeña. Si es valioso implica esfuerzo. Cocinar, hacer un buen café, tocar un instrumento, sembrar una pequeña huerta, todo esto de lo cual disfrutamos los frutos, lleva trabajo. Así que uno puede esperar logros. ¿Qué esperamos de este estudio colectivo?

El grupo de pastores y pastoras de Siquirres dijo al respecto:

a. Adquirir más conocimientos
b. Tenemos que aprender a través de otra persona
c. Enriquecer los conocimientos que ya tenemos
d. Refrescar lo que ya sabemos
e. Fortalecer lo que sabemos
f. Comprender y llevar a la práctica lo que significa integridad

El llegar a un consenso de lo que queremos lograr como grupo con el estudio de Santiago llevó a otras conversaciones también importantes. Una de ellas es la comprensión de la arrogancia como aquello que caracteriza a una persona que piensa que no tiene nada más que aprender. Se planteó que el ser humano es complejo y no puede ponerse de acuerdo con facilidad. A esto se agrega el dicho "cada cabeza es un mundo".

Con esta última afirmación pudimos abrir un tema que es significativo. Si cada cabeza es un mundo, entonces, cada quien puede pensar lo que quiera y evadir así la tarea de ponerse de acuerdo con otras personas. El problema es que si eso es cierto, entonces, cada quien puede seguir el camino que quiera lo que implica que no hay grupo. "Cada cabeza es un mundo", sí, pero es un mundo compartido. Un mundo que nace de las interacciones que vamos construyendo en nuestras vidas. En consecuencia, no, "cada cabeza no es un mundo", sino que al ser un mundo compartido existe un acuerdo y cuando venimos a participar en un nuevo grupo ese acuerdo puede modificarse y transformarse en un nuevo acuerdo, un nuevo aprendizaje, una nueva forma de ser. Así que "cada cabeza es un mundo compartido y en transformación". No hay excusa para esconderse en lo que uno piensa y no dejar espacio para aprender con las demás personas.

De estas dos afirmaciones parten dos conversaciones, en la primera se conversa sobre la actitud arrogante y se crea un clima de apertura a las distintas posiciones del grupo. En la segunda se conversa sobre las implicaciones del dicho "cada cabeza es un mundo" marcando que, aun y cuando esto es cierto, no implica que este mundo esté cerrado y que para defenderse se excluya a los demás. Al mismo tiempo se presenta la idea expresada en el dicho "dejar que la voz del otro resuene en uno" de la que se deriva la importancia y significación no solo de escuchar sino de dejarnos afectar por lo que dicen otras personas, de manera que lo dicho quede en uno para su reflexión posterior hasta constituirnos en redes de mutua resonancia.

LOS CONSENSOS NOS LLEVAN A MOMENTOS ESPECIALES

Los devocionales y las actividades de camaradería que se dan en los encuentros de estudio no son cualquier cosa. Al contrario son momentos especiales. La persona facilitadora puede motivar a través de esos momentos el cultivo de la amistad y la solidaridad. Por ejemplo, buscar música que nos ayude a construir un espíritu común, preparar una bebida especial que nos haga disfrutar la compañía y la experiencia compartida, preparar una oración que nos permita abrirnos a Dios y a los demás.

En el primer encuentro con el grupo de Siquirres busqué un té con coco y especies, luego de hacer los acuerdos sobre cómo conversar y qué logros teníamos en mente, hicimos el té. Trajeron agua caliente y repartimos las bolsitas de té, cada persona tenía una tasa con agua caliente y una bolsita de té. Les pedí que lo olieran despacio y lo pusieran en el agua. Tomamos tiempo para disfrutar el olor y a las personas participantes les encantó. En ese momento todo quedó atrás. Las personas estaban concentradas en el té, su olor, su gusto. La gente se relajó y se dispuso a trabajar. Les ofrecí la idea de que el té olía a integridad.

Este tipo de momentos tienen gran importancia en la formación. Se hace un vínculo entre juego y disfrute, placer y comunidad. Nunca pensé que el té hiciera este ambiente. Lo llevé porque en un barrio como Siquirres, en donde la vida es dura y hay gran cantidad de problemas sociales, las personas líderes no tienen tiempo para descansar y el descanso es fundamental para que las personas seamos felices. Hay aquí, una gran dosis de intuición y eso es una cualidad que se logra con el tiempo y la experiencia. Lo fundamental en este momento del té fue que uno pensó en llevar algo especial para las personas participantes porque sabía que era difícil que tuvieran acceso a este tipo de bebida. Fue un obsequio y como tal, este o cualquier otro, en cada contexto, puede aportar lo mismo.

De lo que se trata es de sentirse uno invitado a una comunidad y agradecer esa invitación. Era común en Costa Rica que al ser invitado a una casa uno llevara algo para compartir, usualmente pan. Se buscaba un pan rico en la panadería o una repostería para ofrecer a las personas que lo iban a acoger a uno. Cuando uno venía del campo, entonces, lo usual era llevar fruta o verdura de temporada: mangos, caimitos, aguacates, yuca, maíz. Lo que hay detrás de este ejercicio es el reconocimiento de la gratitud por el convivir.

No hay un "método" para hacer este tipo de momentos, es más bien un sentir, una experiencia y una actitud de agradecimiento a las personas por su hospitalidad. No se puede fingir este tipo de acciones, no se pueden planear en sentido estricto. Más bien, uno se dispone de habitar el mundo de las otras personas y se pregunta qué les puedo aportar, qué es lo que esta cultura en especial acostumbra. ¿Cómo puedo decirles lo agradecido que estoy de compartir esta experiencia?

Así que experimentar estos momentos especiales tiene su arte. Se trata de momentos para celebrar lo que se está viviendo. Por eso el comer algo o beber algo especial es muy importante. Pero de igual modo es compartir momentos de oración o de escuchar alguna música o leer un poema. No se prepara algo para lograr algo. Sino que se prepara algo especial para experimentar una mayor profundidad en la convivencia. Las oraciones, por ejemplo, pueden prepararse mentalmente o por escrito, lo que las hace significativas es que al prepararlas uno trata de incluir todo lo que sabe de la comunidad en donde se encuentra.

Un texto que me ha acompañado durante mucho tiempo es *La ciudad bendita* del poeta libanés Khalil Gibrán el cual comparto seguidamente:

La ciudad santa

Era yo muy joven cuando me dijeron que en cierta ciudad todos sus habitantes vivían con apego a las Escrituras.

Y me dije: "Buscaré esa ciudad y la santidad en que ella se encuentra". Y aquella ciudad quedaba muy lejos de mi patria. Reuní gran cantidad de provisiones para el viaje, y emprendí el camino. Tras cuarenta días de andar divisé a lo lejos la ciudad, y al día siguiente entré en ella.

Pero, ¡oh, sorpresa! vi que todos los habitantes de esa ciudad sólo tenían un ojo y una mano. Me asombró mucho aquello, y me dije: "¿Por qué tendrán los habitantes de esta santa ciudad sólo un ojo, y sólo una mano?"

Luego, vi que también ellos se asombraban, pues les maravillaba que yo tuviera dos manos y dos ojos. Y como hablaban entre sí y comentaban mi aspecto, les pregunté:

- ¿Es esta la Ciudad Santa, en la que todos viven con apego a las Escrituras?

- Si, ésta es la Ciudad Santa -me contestaron.

Volví a preguntar:

- ¿Qué desgracia os ha ocurrido, y qué sucedió a vuestros ojos derechos y a vuestras manos derechas?

Toda la gente parecía conmovida.

- Ven, y observa por ti mismo -me dijeron.

Me llevaron al templo, que estaba en el corazón de la ciudad. Y en el templo vi una gran cantidad de manos y ojos, todos secos.

- ¡Dios mío! -exclamé-, ¿qué inhumano conquistador ha cometido esta crueldad con vosotros?

Y hubo un murmullo entre los habitantes. Uno de los más ancianos dio un paso al frente, y me dijo:

- Esto lo hicimos nosotros mismos: Dios nos ha convertido en conquistadores del mal que había en nosotros.

Y me condujo hasta un altar enorme; todos nos siguieron. Y aquel anciano me mostró una inscripción grabada encima del altar. Leí: "Si tu ojo derecho peca, arráncalo y apártalo de ti; porque es preferible que uno de tus miembros perezca, a que todo tu cuerpo sea arrojado al infierno. Y si tu mano derecha peca, córtatela y apártala de ti, porque es preferible que uno de tus miembros perezca, a que todo tu cuerpo sea arrojado al infierno".

Entonces comprendí: Y me volví hacia el pueblo congregado, y grité: "¿No hay entre vosotros ningún hombre, ninguna mujer con dos ojos y dos manos?"

Me contestaron: "No; nadie; sólo quienes son aún demasiado jóvenes para leer las Escrituras y comprender su mandamiento".

Y al salir del templo inmediatamente abandoné aquella Ciudad Bendita, pues no era yo demasiado joven, y sí sabía leer las Escrituras.

(http://centros5.pntic.mec.es/ies.jose.maria.pereda/biblioteca/lecturas/lectura33-07.html)

En este caso, el texto ha sido leído como una reflexión en un devocional o para la reflexión en grupos. Se puede observar que tiene la cualidad de ser corto, apuntar a una moraleja y asumir un tema de fondo que es la relación entre la práctica y la lectura de la Sagrada Escritura. En este tipo de crónica las personas usualmente se vinculan porque son cosas cotidianas que les atañen directamente.

La preparación de los devocionales es tan importante como la preparación del estudio de Santiago. No son dos cosas distintas: ambas pueden ser momentos especiales, significativos.

El trabajo con Santiago

El ambiente es la forma en que se vive la experiencia de estudio como un todo. No es una introducción o una motivación, es la forma cómo colectivamente vamos a vivir un tiempo de formación.

Es por esto que uno promueve la vinculación del estudio con la vida concreta de las personas que participan. Es claro que, en el conversar, las preguntas ayudan a dar claridad a lo que se ha puesto sobre la mesa: temas, problemas, preguntas, ideas. Preguntar es una forma adecuada de profundizar los que se conversa.

Un tema que surgió en la conversación sobre el estudio de Santiago 1 fue el significado del concepto "prueba". Pero más allá de una definición, las personas participantes pusieron una pregunta sobre la que se profundizó: ¿Dios permite las pruebas? Como dije, esta pregunta aparece como parte de la apropiación que la gente fue haciendo del estudio.

En la lectura de Santiago 1 aparece dos veces el tema de las pruebas. En St 1.2: "Hermanos míos, gozaos profundamente cuando os halléis en diversas **pruebas**" y en St 1.12s: "Bienaventurado el hombre que soporta la **tentación**, porque cuando haya resistido la **prueba**, recibirá la corona de vida que Dios ha prometido a los que lo aman. Cuando alguno **es tentado** no diga que **es tentado** de parte de Dios, porque Dios no puede **ser tentado** por el mal ni él **tienta** a nadie." He puesto en negrita la palabra prueba de acuerdo con el griego, se puede observar que ha sido traducida por prueba y tentación o tentar en la Biblia versión Reina Valera. La traducción de prueba por tentación es importante porque la segunda acentúa lo moral. En Santiago prueba tiene que ver con el campo de la pureza de los metales. Un metal de buena calidad es aquel que es puro y no una mezcla. Se relaciona con la integridad y se opone a la dualidad: a la persona de doble corazón ("persona de doble ánimo" según la versión Reina Valera). La prueba es cómo una persona en una situación concreta muestra lo que tiene por dentro: si es íntegra o si es de doble corazón.

La cuestión surge cuando esta explicación es contrastada con el conocimiento común de las personas participantes. Si se trata de lo que uno es o si Dios pone pruebas para ver cómo uno responde. Lo que sucede es que si Dios prueba a las personas o, dicho de otro modo, les pone tentaciones, entonces ¿qué posibilidades tiene uno de actuar justamente, con integridad y rectitud? Santiago apunta a la respuesta: en medio de las pruebas lo que se ve es el corazón de la persona. Dios, como no puede ser probado/tentado, tampoco prueba o tienta a nadie, esta es la solución de Santiago.

Pero hay que considerar que en el conocimiento popular la presencia del Diablo es muy grande y este, según dicho conocimiento, pone pruebas. Entonces ¿cómo podemos entender a Job, por quien Satán reta a Dios, el que está orgulloso de las acciones de su siervo? ¿Es esta la lucha que se da entre Dios y el Diablo en la vida cotidiana? ¿Permite Dios que Satán nos pruebe para ver qué haremos en medio de la prueba? ¿Cómo lo que sucedió a Job expresa lo que nos sucede a nosotros y nosotras?

Es de subrayar que un caso como este, no se puede prever del todo. Sin resolver esta cuestión de alguna manera, no se puede seguir adelante. Esto porque las inquietudes de la gente muestran lo que significativo para ella, así que uno aporta y promueve lo que es significativo, no seguir con un tema, o lograr un objetivo. Claro, que, sin embargo, esta pregunta bien trabajada permite tener una visión más profunda de Santiago.

Lo que uno aprende en una situación así, es que el estudio de la Biblia es permanente y que lo mejor es pensar, mientras se prepara, en todas las preguntas posibles que pueden surgir de un estudio bíblico. Uno trabaja en esto porque ama, ama la vida, ama a la gente, ama y punto. El amor por este tipo de trabajo le da a uno la fuerza y la inteligencia para, aun, intuir lo que la gente va a pensar. ¿Cómo respondería usted a una pregunta como esta en torno a Job y la prueba?

Calcular los tiempos

Una tensión fundamental en el trabajo popular es el cálculo de los tiempos. No todas las personas tienen la misma capacidad de concentrarse en un solo tema. Es posible también que entre las personas presentes algunas apenas sepan leer o escribir. La televisión nos ha formado para invertir muy poco tiempo en concentrarse en alguna cosa. Si uno ve las noticias solo tiene que contar, reloj en mano, cuánto tiempo dura una noticia específica. Además de que se usa muy poco tiempo en dar una noticia esta está llena de imágenes y video lo que hace que una personas pueda estar más motivada en mantener la atención. Una noticia puede durar uno minutos, quizá dos cuando mucho.

Aun en las predicaciones no se dice mucho, se mantiene la atención haciendo que la gente participe aplaudiendo o diciendo "amén". Entonces, cuando trabajamos en un grupo, usualmente, tenemos la presión de hacer que la gente participe. Lo dicho antes indica que lo primero es transformar el estudio en un camino común, en un espacio de convivencia que se disfrute.

Un estudio como el aquí propuesto está pensado para unas 20 horas. Eso significa que uno puede trabajar en distintos tractos: sesiones de tres horas, de dos horas, de un día. Será necesario invertir el tiempo de manera que no sea muy pesado y que tenga momentos de participación intensa y de descanso. Pero el descanso creativo es también recreativo y por lo tanto se puede trabajar con actividades como aquellas que ayudan a promover un ambiente de disfrute: música, poesía, comida, devocionales, y demás.

En el caso del grupo de Siquirres, la experiencia, así como la madurez del grupo, permitió una amplia participación y más tiempo de interacción. Por ejemplo, inicié el estudio con una presentación del uso de la frase "Hermanos míos" en Santiago. Ya que la mayoría del grupo eran pastores y pastoras, el iniciar por esta frase permitió crear un vínculo entre los Maestros a los que se dirige Santiago con las personas participantes.

El trabajo directo con el texto es lo central porque permite que la gente lea críticamente, pregunte y opine. En este sentido, este libro le ha dado mucha importancia al estudio de las estructuras de las secciones que componen Santiago. Las estructuras pueden aportarse en hojas aparte a las personas pero también pueden irse construyendo con ellas en una lectura conjunta.

No es recomendable hacer largas exposiciones ni tampoco preguntas tan directas que obliguen a las personas a responder si o no, o fijarse en una sola cosa del texto. En este libro se aportan muchas citas de textos del Primer Testamento (Antiguo Testamento) así como del Segundo Testamento que pueden ilustrar distintos aspectos del pensamiento de Santiago. Es bueno tener esas citas a mano ya que se aprende a ver el conjunto y no solo aspectos aislados de un texto.

La evaluación

El grupo de Siquirres trabajó durante dos días y medio, lo que significa 17 horas en tres tractos. La evaluación es una tarea permanente del trabajo, al terminar cada tema propuesto surge la pregunta ¿cómo se sintieron? ¿Qué aprendieron? ¿Qué faltó? Recordemos que los logros los acordamos entre todas las personas que participan en el estudio.

Cuando se habla de evaluación, básicamente tiene que ver, con la experiencia que ha tenido el grupo a lo largo del estudio y con aquello que salió bien o mal durante ese tiempo. Los aprendizajes significativos no se logran de un día para otro y muchas veces las personas tardan meses o años para asumir algo que les quedó dentro y que no entendían en el momento.

Estas son algunas de las conclusiones que expusieron las personas del grupo de Siquirres:

- Al principio estuvo enredado lo de la sabiduría y se aclaró entre todos: existe una sola sabiduría.
- Ha sido interesante consolidar el libro de Santiago en relación a Proverbios y otros libros.
- Más edificante es compartir con los hermanos en una mesa de estudio
- Ser más prácticos en nuestra fe
- En la experiencia de uno muchos profesores han atropellado a los estudiantes
- Fueron edificantes los dos días de estudio
- Me gustó el convivio en la participación
- Muchas bendición porque los conocí a todos y a todas.

Observen que las personas le dieron mayor valor a la interacción y al convivir. Pero también durante la última sesión que fue de tres horas el grupo hizo una lista de pendientes que resulta bastante larga. Estos temas sugeridos requerirían de un nuevo encuentro.

La lista es la siguiente:

- Profundizar en lo que significa "pobres" en el Segundo Testamento.
- Perdemos la visión ulterior y no vemos nuevos retos.
- Retomar el tema de la injusticia.
- Profundizar sobre el concepto de la Sabiduría.
- Modelar mejor la dinámica del "Hermanos míos".
- Clarificar la relación entre Santiago y Pablo.
- La vida cristiana es práctica.
- Pensar la tensión entre la fe y las obras.

Al leer de nuevo estas observaciones del grupo, necesariamente uno se pregunta ¿qué aprendí yo? En el siguiente estudio, con un nuevo grupo, ¿qué debo hacer, cómo modificar lo hecho y mejorarlo? Me queda claro, por el momento, que el grupo aprovechó el tiempo y en las cuestiones que presentaron expusieron muy bien sus aprendizajes.

Me queda claro, en principio, que la experiencia aportó un enriquecimiento a la convivencia del grupo. También, la lista final demuestra que les fue significativo el tema de los pobres, la injusticia, el papel de los Maestros, el tema de la Sabiduría y la relación entre Pablo y Santiago. Así que cumplimos la lista de logros que acordamos al inicio. No obstante, ¿por qué no se mencionó la cuestión de la integridad?

Santiago para profesionales en teología, Biblia y Pastoral

Estudiar la Biblia en América Latina es otra cosa. Es un esfuerzo colectivo por cultivar el compromiso con la solidaridad y la compasión. No es el saber, si no, el conocimiento de nuestro pueblo y el apoyo desinteresado en construir un mundo más justo y benéfico. Nuestro mundo es un mundo lleno de vida y de sufrimiento. Pero de un sufrimiento creativo y esperanzador. Aun yo, cuando parece que las fuerzas y poderes de este mundo han logrado vencer. La fidelidad a Dios no es discurso sino acción, praxis de liberación, reverencia a la vida y comprensión de la vida como ecosistemas y culturas, su convergencia y congruencia. La vida en América Latina tiene colores y formas propias, únicas que es necesario resaltar y reconocer como legado de perseverancia y resistencia.

Ahora, para quienes han asumido la tarea de formarse académicamente en este campo, el estudio de la Biblia es fundamentalmente una experiencia intercultural que está constituida de dos dimensiones: una de ellas es la pregunta por quiénes somos como culturas mestizas y diversas; la otra, es cómo era la cultura de los escritos bíblicos, en este caso de Santiago. No se traducen palabras se traducen bloques de experiencias de vida.

Cada capítulo aporta lecturas adicionales en recuadros y preguntas para la reflexión. Al hacer este texto un medio de estudio de un curso la institución que lo asuma tendrá que definir un programa de trabajo con el texto y definir los medios de evaluación necesarios. Si se trata de un ejercicio personal, entonces, las preguntas de reflexión son fundamentales para ir valorando nuestro crecimiento en el tema.

Capítulo 1 de Santiago

Los primeros temas de conversación

Cuando descubrí Santiago

Mi historia con Santiago inicia a mediados de los ochenta en un curso sobre los escritos de Apocalipsis, Hebreos y Santiago. Dado que la persona docente se dedicó al estudio de los dos primeros, yo decidí invertir mi tiempo de estudio para el trabajo final en Santiago. El comentario de mayor peso en aquel momento era el de Martin Dibelius el cual proponía la siguiente tesis: "El documento entero carece de continuidad en el pensamiento. No solo falta continuidad entre los dichos individuales y otras unidades pequeñas, sino también entre los tratados más grandes. Esto sin decir que la carta no tiene coherencia de ninguna especie." (Dibelius, Martin; Greeven, Heinrich, 1988 (1920, 1975), pág. 2). Esta perspectiva fue retadora para mí desde el inicio.

Martin Dibelius (1883-1947)

El comentario de Dibelius ha sido el punto de partida para los estudios sobre Santiago desde su primera edición en 1920. Este autor junto con Rudolf Rultmann fueron los representantes más significativos del método denominado Historia de las Formas para el Segundo Testamento, así que su peso no solo tiene que ver con la calidad de su comentario sino también con el significado de su persona para las disciplinas que estudian la Biblia. Dibelius estableció la "parénesis" o exhortación como el género literario de Santiago. Esto, entre otras cosas, implicaba que no era necesario que dicho texto tuviese algún tipo de coherencia.

Es importante entender que este tipo de acercamiento establece un camino que requiere entender las unidades que forman Santiago como elementos separados y que por lo tanto se hace muy difícil explicar el contexto en que se escribe el texto y su objetivo.

En los últimos treinta años la tendencia de las personas expertas sobre Santiago es la contraria. Hay distintos intentos de entender el escrito como un texto coherente y articulado. Con todo el comentario de Martin Dibelius sigue siendo un punto de partida fundamental.

Santiago es un texto especial para la Teología Latinoamericana de la Liberación. Es un escrito que, sin lugar a dudas, muestra una profunda preocupación por los pobres y los oprimidos: "Hermanos míos amados, oíd: ¿No ha elegido Dios a los pobres de este mundo, para que sean ricos en fe y herederos del reino que ha prometido a los que lo aman? Pero ustedes habéis deshonrado al pobre. ¿No os oprimen los ricos y no son ellos los mismos que os arrastran a los tribunales?" (St 2.5-6)

En el ambiente evangélico, es Pablo el autor que ha tenido más fuerza y por lo tanto, la tensión entre Pablo y Santiago ha depreciado el escrito de Santiago ante lo que se entiende como una rica formulación teológica de Pablo. Esto tiene grandes implicaciones sobre nuestro modo de leer y entender el Segundo Testamento por ejemplo, uno se pregunta si hay algo teológico en Santiago o si se trata de una colección de máximas éticas, o si Santiago es capaz de aportar una perspectiva sistemática que le haga frente a los escritos de Pablo o al trabajo de los evangelios. En ambos casos, a primera vista, habría que decir que no.

Pero también, desde el punto de vista de los pobres y excluidos de este mundo, si bien los evangelios aportan elementos para la visibilización de estos sectores, la presencia de una lectura poco histórica de Pablo hace de los relatos sobre Jesús, textos más bien confesionales. Dicho de otro modo, hay una lectura "paulina" de los evangelios que exalta la confesión sobre la práctica de Jesús. En ellos Jesús es Señor, Hijo de Dios, Salvador y demás.

Mi objetivo desde los años ochenta ha sido mostrar que Santiago tiene una organización bien estructurada y que no es una colección de dichos o breves discursos desligados unos de otros. Santiago no es un tratado de ética, es una obra para la formación de los "Maestros" de las comunidades vinculadas al movimiento de Jesús en Palestina.

Me he preguntado muchas veces cómo sería una formación cristiana que iniciara con la lectura de Santiago. Sería posible que su visión de una fe íntegra pudiera ayudarnos a evitar tanto dualismo que nos lleva a crear discusiones innecesarias. Digamos la tensión fe-obras. Para Santiago esta tensión no existe, al contrario existe la fe que se realiza en el hacer. Por ejemplo, para Santiago la tensión entre cuerpo y alma es algo tan extraño y desconocido que resulta ridícula: el cuerpo sin espíritu está muerto así también la fe sin obras (St 2.26). Desde este punto de vista solo existe una manera de vivir la fe y es vivirla no decirla. La confesión pasa a segundo plano mientras la práctica es evidencia de lo que uno cree.

Si pudiéramos modificar el Canon del Segundo Testamento y reacomodar Santiago inmediatamente después de los evangelios sentiríamos una mayor similitud entre ellos, especialmente con Mateo. Así, la perfección, la integridad y una visión alternativa de la ley abrirían puertas de reflexión que hasta ahora están cerradas por la pobre lectura que hemos hecho de Pablo.

Al reacomodar los textos del Segundo Testamento estaríamos obligados a reacomodar nuestra visión de la fe cristiana. Eso, de por sí, implicaría modificar muchas discusiones teológicas pero y, sobre todo, podríamos poner el acento en el camino y el caminar de la fe que no es otra cosa que una manera de vivirla (Ro 6.4; 1Jn 2.6; St 1.22). La compasión más que la salvación sería una cuestión de fondo. Esto se hace más significativos si consideramos que Santiago no trata con individuos sino con la comunidad de hermanos/as (1.2,9,16,19; 2.1,5,14,15; 3.1,10,12; 4.11; 5.7,9,10,12,19), la comunidad es el sujeto, y en ella, especialmente, los maestros.

Santiago es un texto que trata sobre la fe y esta no es otra cosa que una forma de vivir la integridad como camino espiritual. Por esta razón, se hace necesario pensar el Reino de Dios como experiencia de justicia y compasión, solidaridad comunitaria y defensa de los pobres y excluidos. El Reino no es un tema teológico sino un camino de fidelidad a Dios.

Así que sería interesante pensar en reacomodar Santiago dentro del Canon pero sobre todo en nuestro pensamiento y nuestro camino de manera que la sabiduría contenida en ese pequeño escrito nos ayude a vivir de otro modo el cristianismo que confesamos.

Santiago: un texto que no gustó

El ingreso de Santiago al Canon fue, cuando menos, muy difícil. El siguiente resumen de la *Introducción al Nuevo Testamento* de Wikenhauser-Schmid nos ayuda a comprender esta enredada inclusión (Wikenhauser, Alfred; Schmid, Joseph , 1978, págs. 844-849). Durante el siglo II no se tiene rastro de la carta de Santiago en ninguno de los escritores cristianos. Orígenes (185-254) es el primero en hacerlo en su comentario a Juan, no así Clemente de Alejandría, maestro suyo. Eusebio (260/264-339) narra la historia de Santiago, el hermano del Señor y su martirio, como cierre de su narración dice:

> Tal es la historia de Santiago, del que se dice que es la primera carta de las llamadas católicas. Más ha de saberse que no se considera auténtica. De los antiguos no son muchos los que hacen de ella mención, como tampoco de la llamada de Judas, que es también una de las siete llamadas católicas. Sin embargo, sabemos que también éstas, junto con las restantes, se utilizan públicamente en la mayoría de las iglesias. (Eusebio, 1973, pág. 112)

Cirilo de Jerusalén (313-386) y Epifanio (315-403) la reconocen como inspirada. Del mismo modo Gregorio de Niza y Gregorio de Nacianzo usaron la carta pero con mucha menor frecuencia que los demás escritos del N.T. Teodoro de Mopsuestia solo reconoció como auténticas a las cartas de Pablo, en consecuencia, Santiago y las demás fueron consideradas por él como inauténticas. Juan Crisóstomo si la reconoció como inspirada.

Desde el Sínodo de Laodicea en el 360 y por la influencia de Atanasio, Santiago fue reconocida como inspirada. En Occidente fue hasta el Sínodo romano del 382, así como en los Sínodos africanos de Hippo Regius (393) y de Cartago (397) que Santiago fue reconocida. Sin embargo, Jerónimo (342-419) dejó manifiesta la duda que sobre la inspiración de Santiago recayó durante más de doscientos años. Y de Jerónimo retomó Erasmo en el siglo XVI, esa misma duda. Lo hizo porque no existe en la Carta de Santiago la majestad y atracción apostólica, carece de hebraísmos como comprendía el patriarca de Jerusalén y porque el autor no se distingue a sí mismo como apóstol. Así que Erasmo pensó que se trataba de una persona diferente del apóstol Santiago.

En la época de la reforma la cuestión giró hacia otro eje, este de carácter teológico. "Lutero –dicen Wikenhauser-Schmid- no encontraba en Santiago "ninguna índole evangélica", porque esta carta, "en contra derechamente de Pablo y de todo el resto de la Escritura, pone la justificación en las obras". Critica, además, a esta Carta porque falta en ella, casi por completo, el nombre Jesús, y porque no se habla de la cruz y de la resurrección. Por eso, en su escala de valores para evaluar a los escritos del NT, clasificó a la carta de Santiago entre los libros de la tercera categoría, es decir, entre los libros que no fomentan a Cristo."

(Wikenhauser, Alfred; Schmid, Joseph , 1978, pág. 848) En su polémica contra la salvación por las obras en beneficio de la salvación por la fe sola, Lutero llamó a la Carta de Santiago "epístola de paja" (Marxen, 1983 (1963), pág. 236). Un dato curioso, según J. Cantinat es que "las dificultades suscitadas por Lutero sobre este punto en 1519 llevaron al Concilio de Trento a oficializar la canonicidad de la Carta (1546)" (George, Augustin; Grelot, Pierre (Dirs), 1983, pág. 85).

Preguntas para reflexión:

1. ¿Cuál es su opinión sobre el proceso de canonización de Santiago?

2. ¿Describa este proceso en sus propias palabras?

Para continuar el estudio:

http://ec.aciprensa.com/c/canondelnuevotestamento.htm

http://es.scribd.com/doc/37889842/Breve-Historia-Del-Canon-Biblico-Baez-Camargo

http://es.scribd.com/doc/22986088/Paul-Andre-La-Inspiracion-y-El-Canon-de-Las-Escrituras

¿Quién escribió Santiago?

No tenemos mucha información sobre Santiago fuera del texto mismo. Allí tampoco hay elementos que identifiquen a la persona autora. La discusión más fuerte en torno al autor es si este es el apóstol y hermano de Jesús que menciona Pablo en Gálatas 2.9: Santiago el justo como una de las columnas de la comunidad de Jerusalén. Esta discusión compite con otras dos. La segunda es que se trata de un texto judío que fue reelaborado por algún grupo cristiano. La tercera explica que Santiago es parcialmente escrito por el hermano de Jesús. En este caso se apunta a discursos del apóstol que luego fueron ordenados de la manera que tenemos hoy el escrito. En último lugar, como cuarta opción se ha dicho que es un escrito seudónimo. Uno de los investigadores más acuciosos de este tema Richard Bauckham, luego de reunir la serie anterior de tesis sobre el autor del texto, considera el escrito como un producto del hermano de Jesús (Bauckham, 2001).

Si tomamos en consideración que la única indicación literaria que tenemos del autor se halla en el encabezado del texto no hay mucho de donde echar mano para tomar una decisión. El escrito inicia de la siguiente forma: "Santiago, siervo de Dios y del Señor Jesucristo, a las doce tribus que están en la dispersión: Salud." (St 1.1.). La argumentación para atribuir el escrito a Santiago el Justo, Apóstol y hermano de Jesús es, básicamente, que no existe otra figura con el peso necesario que obligase a preservarlo. Pero una vez leído todo el escrito, el encabezado no resulta suficiente para sostener esta tesis. Hay que agregar las dificultades que tuvo durante siglos para ser incorporado al Canon, lo que significa que la mención del nombre no fue suficiente.

Si ponemos atención a los datos del encabezado es necesario resaltar que el nombre Santiago es la traducción griega de "Jacobo" y que es una derivación del nombre del patriarca "Jacob" (según los LXX y las alusiones al mismo en el ST). Como sabemos Jacob es el padre de 12 hijos que se transformarán en los padres de las doce tribus de Israel. Sería más probable ver en el encabezado a alguien que asume la figura de Jacob y que habla a un Israel disperso en lo que conocemos como el mundo grecoromano del siglo primero. Considerando la importancia que tiene para los antiguos la ascendencia como expresión de autoridad y honor, asumir el nombre del patriarca parece más bien un esfuerzo por asumir este honor y la autoridad consiguiente. No habría que explicar mucho para las personas lectoras. La mención de este nombre en el contexto de las doce tribus sería más que suficiente para comprender que, quien habla, es una persona muy importante y merece ser escuchada.

Ahora, siguiendo el curso de las tesis anteriormente propuestas para la persona autora de Santiago, se hace necesario revisar, por lo menos la más significativa: Santiago el Justo.

Peter H. Davids (Davids P. H., 1982, pág. 10) plantea cuatro puntos básicos que deben considerarse a la hora de determinar al autor y la fecha de composición. Estos puntos son:

a. La cultura helenista de la epístola

b. La cultura Judeo-Cristiana de la epístola

c. La posición histórico-doctrinal de la epístola, y

d. El debate "Pablo-Santiago".

Mar de Galilea (Foto de Elisabeth Cook, UBL)

El aspecto crítico medular en esta discusión, en lo que toca al punto a y el b, es la calidad singular del griego de Santiago. Se trata de un griego de alto nivel literario:

> El estilo griego, reflejando el más alto uso del idioma koiné, es conscientemente literario. Su estilo fluido y literario apela a lectores que viven en el mundo griego. El autor hace varias alusiones las cuales parecerían solo ser comprendidas en el mundo del helenismo y el judaísmo helenista. Plantea dudas sobre sí un judío galileo podría haber compuesto de esta forma ornamental; pero esta sospecha ha sido confrontada por la argumentación de que tal composición no está lejos de las fronteras de posibilidad para un judío palestino del siglo primero. (Martin R. P., 1988, pág. lxx)

No es cierto que se pueda deslindar fácilmente una identidad judía de otras identidades en el mundo Mediterráneo del Siglo Primero. No hay nada homogéneo aún entre lo que consideramos judío de esa época. Ralph Martin aporta investigaciones que indican que el supuesto analfabetismo total de las personas que habitaron la Galilea de esa época no es correcto. Martin cita a Rendall: "Es tiempo de descartar con seguridad la invención de una Galilea analfabeta... Filomeno el filósofo, Meleanger el gramático y antologista. Theodoro el retórico y uno más puede ser agregado Josefo el historiador, todos ellos son de Galilea." (Martin R. P., 1988, pág. lxx). Agrega Martin que M. Hengel en su comentario a Santiago aporta evidencia del ethos bilingüe de Jerusalén.

Palestina es una tierra en donde conviven muchas culturas. Resulta difícil imaginar eso luego de leer el libro de Josué en donde se indica que, en la conquista de la tierra prometida, se eliminaron todas las culturas autóctonas. Pero la lucha permanente de los profetas contra la idolatría muestra exactamente lo contrario. Allí se muestra que lo que conocemos como Israel no era un pueblo que vivía solo en la región si no, se observa una convivencia de culturas y de religiones muy compleja, al punto de confundirse entre sí.

Gran parte del problema para comprender la forma de vida en Palestina ha sido la lectura cristiana de los textos bíblicos. Esta lectura ha dado por sentado que había una gran diferenciación entre lo "judío" y no "no judío". Esta lectura, cuando menos, ha sido equivocada.

Para la época de Jesús, Palestina que estaba formada por diversas regiones entre ellas Galilea al norte, Samaria y Judea al sur, tenía ciudades parecidas a las ciudades grecolatinas del norte del Mediterráneo. Esta transformación cultural tan radical fue en gran parte obra de Herodes el Grande. Él construyó ciudades enteras con ese estilo, fortalezas inmensas, templos y ciudades dedicadas a los emperadores romanos y a los dioses de Roma y sobre todo, hizo eso, al mismo tiempo que reconstruía el enorme Templo de Jerusalén. Una de las ciudades más emblemáticas de su reinado fue Cesárea Marítima (en el recuadro adjunto se pueden ver algunas de sus obras).

VIDEOS que muestran algunas de las construcciones de Herodes (direcciones electrónicas):

Templo de Jerusalén visita Virtual preparada por la UCLA
http://www.youtube.com/watch?v=KjwV1h7T6vQ

Jerusalén en tiempos de Jesús, parte 1, History Channel
http://www.youtube.com/watch?v=3FC3evghfo4&tracker=False

Jerusalén en tiempos de Jesús, parte 2, History Channel
http://www.youtube.com/watch?v=0iFXVVd5RRk&tracker=False

Cesarea Marítima, construcción de Herodes
http://www.youtube.com/watch?v=6N7cUncf_ms&tracker=False
http://www.youtube.com/watch?v=iuJh0r-7dDI&tracker=False
http://www.youtube.com/watch?v=8VBAsmvpdRI&tracker=False

Herodion, construcción de Herodes
http://www.youtube.com/watch?v=84v952jieHk&tracker=False

Masada, construcción de Herodes
http://www.youtube.com/watch?v=X396_NlMtQ8&tracker=False

L. I. Levine recuerda un dicho rabínico sobre las construcciones de Herodes: "quien no haya visto la construcción de Herodes (con referencia al templo) no ha visto nada bello en la vida" (*b. B. Bat.* 4a) (Levine L. I., 1992). Todo este esfuerzo hizo de Palestina otro mundo diferente al que leemos en los libros de Esdras y Nehemías o en las historias de los Macabeos. Palestina fue una tierra, en la época de Jesús y Pablo, "helenizada".

Entonces, se puede entender, que Palestina y en particular Galilea (la hermana "pobre" de Judea) no era ni por asomo, un lugar abandonado o retrasado en su desarrollo. En general debemos hablar de una Palestina mixta con muchas tradiciones y culturas, así como religiones, en constante interacción.

Teatro de la época helenista en Beit Shean, antigua Escitópolis en Galilea.
(Foto de Elisabeth Cook, UBL)

Junto a este tema hay que agregar otro que es en sí muy importante para nuestra comprensión del Segundo Testamento. Se trata del uso del término "judío". Este término hace referencia no a una religión como pensamos sino a una nacionalidad. Los "judíos" son los "habitantes de Judea" independientemente de su religión. Lo que conocemos hoy como judaísmo no existía en la época del Segundo Testamento sino que el judaísmo formalmente inicia gracias al trabajo de los rabinos en el siglo V de la Era Común. En la época de Jesús y Pablo, hay muchas tendencias que provienen de las tradiciones de lo que conocemos hoy como Antiguo Testamento. Esto quiere decir que la pluralidad es clave para entender el ambiente de los escritos del Segundo Testamento. Una pluralidad que comparte unas tradiciones comunes pero que no por eso significa que logre una identidad común. Por esta razón se habla de Judaísmos múltiples:

> El modelo de judaísmos múltiples los dibuja como distintos pero no separados. Sugiere que estos son muy divergentes para ser vistos como las simples variaciones de un solo patrón. En cambio, se pueden ver como descendientes de unos mismos padres, los diferentes judaísmos poseen aspectos de un legado común, pero no necesariamente los mismos

aspectos, o de la misma manera, o en la misma proporción. Por ejemplo, los escritos judíos tanto de Palestina como de la diáspora exhiben diversas comprensiones de los rituales religiosos y conceptos comunes. Aun tan básico como el rito de la circuncisión es usado e interpretado diferentemente en la Biblia Hebrea, Pablo, 1 Macabeos, Josefo, y Filón (Smith 1982). Del mismo modo, el concepto de Mesías, largamente pensado como esencial para todas las formas de religión judía, es de hecho empleado solo en algunos textos de este periodo y en consecuencia inconsistente (Neusner, 1987). Estos ejemplos ilustran la complejidad de los datos y justifican el modelo de judaísmos múltiples. (Overman, J. Andrew; Green, William Scott , 1992)

Entonces, los puntos mencionados por Davids que indicara páginas atrás, se pueden valorar de la siguiente manera:

a. La cultura "helenista" se cruza, gracias al ambiente general de Palestina, con la "judeo"-cristiana. Tomando en cuenta que lo "judío" como confesión religiosa no existe en esa época como se indica en la teoría de los "judaísmos múltiples". Una persona con la formación adecuada, por su experiencia multicultural cotidiana, participaba de diversas perspectivas culturales y religiosas y de diversos idiomas.

b. La posición histórico cultural de Santiago está entretejida con las tradiciones de la sabiduría que expresan esa dimensión plural en el Primer Testamento (Antiguo Testamento), para esto baste señalar las diferencias entre el libro de Proverbio y el de Sabiduría de Salomón. Pero también se trata de una tradición que está presente en todo el Segundo Testamento, por ejemplo, en Mateo, en Pablo y el Evangelio de Juan.

c. El debate "Pablo-Santiago" es una elaboración posterior a la Reforma y, como mostraré posteriormente, Pablo y Santiago comparten una visión más cercana de lo que se ha valorado hasta el momento.

Quien escribió Santiago conocía muy bien el griego y tenía muchos recursos en el campo de la retórica. Conocía, también, tradiciones clave de la Biblia Hebrea como el Levítico y de las tradiciones de la Sabiduría. Si bien es posible que Santiago el Justo, hermano de Jesús, supiera hablar griego o incluso escribirlo gracias al entorno cultural que he descrito, eso no implica que él escribiera este documento.

Queda claro, sin embargo, que quien escribió Santiago tenía Palestina en mente y este era su lugar de origen: "Por tanto, hermanos, tened paciencia hasta la venida del Señor. Mirad cómo el labrador espera el precioso fruto de la tierra, aguardando con paciencia hasta que reciba la lluvia temprana y la tardía." (St 5.7). La referencia a la lluvia temprana y tardía es un indicador del clima de Palestina y no de Italia, Egipto o Asia Menor:

> Uno concluye de esta referencia que el autor era familiar con Palestina; le era tan familiar que se refiere a las lluvias inconscientemente (y quizá

a lectores no-palestinos, a quienes, él falla en darse cuenta que podían no comprender el clima al que él estaba acostumbrado) o suficientemente familiar para citar correctamente las condiciones del clima conocidas por su audiencia Palestina." (Davids P. H., 1982, pág. 14)

Dibelius-Greeven también subrayan este dato (Dibelius, Martin; Greeven, Heinrich, 1988 (1920, 1975), pág. 243).

Dado que el escrito de Santiago no dice nada de forma directa sobre la audiencia (no nombra una ciudad, ni saluda a personas concretas) a la que se refiere este dato es de suma importancia, pues hace ver el mundo que tiene la persona que escribe. Nos permite entender que este tiene en mente Palestina. Pero no se puede ir más allá.

Por otra parte, Santiago expresa una visión de mundo que está marcada por el tono y la fuerza de los profetas del siglo 8. Su crítica a los ricos y a los comerciantes muestra un espíritu compartido con ellos pero también incluye aspectos de lo que conocemos como apocalíptica al mencionar en el capítulo 5 la "venida del Señor" y el juicio contra los pecadores.

El acento en la práctica como indicador de la integridad, de la fidelidad a Dios, la sensibilidad de la espiritualidad como compasión, la vinculación entre las personas en la justicia y fe, nos llama a reflexionar sobre lo que hemos perdido del espíritu rebelde de la fe cristiana. Pero esto también se puede decir de Jesús de Nazaret: llama a la perfección (Mt 5.48), y a la compasión (Mt 9.13; 12.7), también a la justicia (Mt 5.10, 20). Así que de modo claro la perspectiva del mensaje de Jesús está contenido en Santiago.

Santiago y el auditorio de su texto: El vocativo "Hermanos míos": situación socio-cultural y completud

> **¿Qué es una forma Vocativa?**
>
> El vocativo es una forma gramatical de los sustantivos y en particular de los nombres propios que indica una llamada de atención a las personas a las que uno se dirige. En griego, un vocativo se puede identificar por la forma de escribir la palabra.

Por lo anteriormente dicho, se entiende que Santiago 3.1-2 es clave para comprender quién es el auditorio de este escrito y cuál es su ambiente vital: "Hermanos míos, no os hagáis maestros muchos de vosotros, sabiendo que <u>recibiremos</u> mayor condenación. Todos <u>ofendemos</u> muchas veces. Si alguno no ofende de palabra, es una persona perfecta/completa, capaz también de refrenar todo el cuerpo." El comentario de Dibelius-Greveen a Santiago indica que este es el único lugar de la carta en donde se el autor se identifica a sí mismo (Dibelius, Martin; Greeven, Heinrich, 1988 (1920, 1975), pág. 183), también Davids (Davids P. H., 1982). También el comentario de Brosend enfatiza lo mismo. Dice que es especialmente significativo el uso de la primera persona en el texto junto con St 5.11, además de la autodefinición como "Siervo" en 1.1 (Brosend, 2004, pág. 93ss).

Ralf Martin dice que Santiago se dirige "…primariamente a los maestros de la comunidad quienes están causando disensión y división. Estos en la su línea de visión son evidentemente líderes quienes son convocados a controlar y guiar el curso de la vida de la iglesia y su destino" (Martin R. P., 1988, pág. 104). Entonces, el uso de la primera persona en St 3.1-2 nos hace ver que Santiago se siente vocacional y espiritualmente vinculado con los Maestros. De este modo se indica un espacio compartido, una manera de vivir y experimentar el mundo y la acción de este grupo en el. La vinculación con el grupo de los Maestros da pie para entender la riqueza literaria y reflexiva del escrito. "Todos recibiremos… todos ofendemos", muestra la conciencia de una tarea de gran responsabilidad en donde la vida de cada persona que forma parte de este grupo queda en riesgo. Una posición crítica de este mundo compartido es la que nos ayuda a entender cómo el autor desarrolla los argumentos del Santiago 2 y cómo establece una correlación en el hacer. En consecuencia, la autoidentificación del autor como Maestro es la que nos permite comprender el lugar vital del autor y su auditorio, del mismo modo que nos abre una puerta a la comprensión de su tono y su perspectiva. Todos estos elementos juntos refuerzan la tesis de ver en Santiago un escrito de carácter sapiencial.

Richard Bauckman señala:

> El autor de Santiago, sugerimos, es un maestro en la tradición de la instrucción propia de la sabiduría judía, como lo fue Jesús, en un grado notable… La relación de Santiago con la enseñanza de Jesús es una de endeudamiento creativo, lo que hace de toda la enseñanza de Santiago una sabiduría al estilo de la tradición de su maestro Jesús. (Bauckham, 2001, pág. 101)

La fórmula "Hermanos míos" en **vocativo** supone, deja de ser una alusión general a todas las personas que pudieron formar parte de las comunidades de la época sino una reflexión crítica a la forma cómo se lleva a cabo el papel social de los Maestros. La médula de esta frase o fórmula es la gestión del poder de los líderes, los Maestros, de las comunidades. La fórmula aparece 11 veces en Santiago (St 1.2, 16, 19; 2.1, 5, 14; 3.1, 10, 12; 5.12, 19), prácticamente la mitad de las veces que sucede en todo el Segundo Testamento:

- 1.2: **Hermanos míos**, gozaos profundamente cuando os halléis en diversas pruebas, sabiendo que la prueba de vuestra fe produce paciencia. Pero que la paciencia tenga su obra completa para que seáis completos y cabales, no quedando atrás en nada.

- 1.16: **Amados hermanos míos**, no erréis. Toda buena dádiva y todo don perfecto desciende de lo alto, del Padre de las luces, en el cual no hay mudanza ni sombra de variación

- 1.19: Sabed, **mis amados hermanos**: Todo hombre sea pronto para oír, lento para hablar y lento para la porque la ira del hombre no obra la justicia de Dios.

- 2.1: **Hermanos míos**, que vuestra fe en nuestro glorioso Señor Jesucristo sea sin acepción de personas.

- 2.5: **Hermanos míos amados**, oíd: ¿No ha elegido Dios a los pobres de este mundo, para que sean ricos en fe y herederos del reino que ha prometido a los que lo aman?

- 2.14: **Hermanos míos**, ¿de qué aprovechará si alguno dice que tiene fe y no tiene obras? ¿Podrá la fe salvarlo?

- 3.1: **Hermanos míos**, no os hagáis maestros muchos de vosotros, sabiendo que recibiremos mayor condenación.

- 3.10: De una misma boca proceden bendición y maldición. **Hermanos míos**, esto no debe ser así.

- 3.12: **Hermanos míos**, ¿puede acaso la higuera producir aceitunas, o la vid higos? Del mismo modo, ninguna fuente puede dar agua salada y dulce.

- 5.12: Sobre todo, **hermanos míos**, no juréis, ni por el cielo ni por la tierra ni por ningún otro juramento; sino que vuestro "sí" sea sí, y vuestro "no" sea no, para que no caigáis en condenación.

- 5.19: **Hermanos**, si alguno de entre vosotros se ha extraviado de la verdad y alguno lo hace volver, sepa que el que haga volver al pecador del error de su camino, salvará de muerte un alma y cubrirá multitud de pecados.

Recordemos que desde el capítulo 1 el argumento central de Santiago tiene que ver con la completud/integridad (teleios en griego, así en 1.4, 17, 25; 3.2). En el capítulo 2 este eje se expresa a través de la crítica a acciones que el autor considera ambivalentes, ambiguas o duales: decir una cosa y hacer otra, o vivir de un modo en donde la vida en Dios se mezcla con la vida según el sistema social dominante. En el capítulo 1 se habla de "doble corazón/doble vida" para mostrar a este tipo de persona y su manera de vivir la fidelidad a Dios. Por eso en 2.14ss, la desintegración de la unidad fe-obras es un ejemplo de la falta de integridad y la base de la crítica de Santiago a su auditorio: los Maestros.

La dimensión de falta de integridad se aprecia muy bien en 3.10 y 12, allí se establece que de una misma boca no pueden surgir al mismo tiempo bendición y maldición, aunado a las imágenes de la higuera y la fuente de agua. En el verso 10 se concluye con la frase "esto no debe ser así".

En la misma línea está 5.12 que es un llamado a no jurar sino a mantener una posición clara y transparente. La misma idea se encuentra en Mateo 5.33-37. Según Malina Rorhbaugh con relación a Mateo, el juramento es poner a un tercero como testigo ante una gestión comercial o cualquier clase de trato. Dios sería lo primero sobre lo que uno jura: Dios quedaría como testigo que asegura la verdad de lo actuado. No obstante, también indican que el juramento implica la sospecha que quien vende está tratando de ocultar algún tipo de mal. Visto así, el juramento lleva en sí mismo la sospecha de falsedad (Malina, Bruce & Rohrbaugh, Richard, 1992, pág. 55). Lo que se aconseja es el fortalecimiento de una actitud transparente en donde lo que se dice responde a la verdad: Si es sí, no es no.

En 5.19-20 que resulta ser el final del texto, se señala el compromiso de aquellos maestros de hacer volver a la persona extraviada; dato, este último, que engarza con 1.16.

Esta fórmula "hermanos míos" aparece en cada sección de Santiago menos en una. La que corresponde a 4.1-5.6 lo que indica que se refiere a otro grupo al que tipifica de la forma más clara posible "Adúlteros" y que hace referencia a los ricos del capítulo 2.1-13.

Es interesante contrastar estos datos con el uso de la palabra verdad en 1.18: la **palabra de verdad** es la que nos ha dado a luz; en 3.14: creer que la sabiduría puede mezclarse con los celos y las rivalidades es una manera de **mentir/engañarse contra la verdad** y en 5.19 tiene que ver con el esfuerzo del "Hermanos míos" para hacer volver a quien se haya apartado **de la verdad**. La verdad es la calidad de la palabra que engendra y por la cual el "nosotros" se constituye en primicias de lo que ha sido creado, por ende, y siendo que la sabiduría viene de lo alto, allí donde está el Padre de las luces, engañarse con una vida realizada en el doble corazón supone una negación de la constitución de quienes afirman ser fieles a Dios. Por esta razón, aquel que logre hacer regresar a quien se aparte de la verdad tendrá una recompensa. Así pues, esta es la tarea de las personas maestras de la comunidad, se dan ejemplos: los profetas, Job, Abraham y Rahab, que son ejemplos de integridad en la perspectiva del autor.

La definición de completud/integridad deviene de la condición de ser una persona completa en sentido estricto, es decir, una persona cuyo cuerpo está completo sin amputaciones o deformaciones y sin discapacidades (ceguera, sordera, enfermedades de la piel). Desde el punto de vista antropológico, la completud, es equivalente a la pureza. Dicho de otro modo a cómo las sociedades consensuan sus tiempos y lugares sagrados y en general a cómo cada sociedad determina el lugar de cada persona y cosa dentro de su dinámica. Se puede pensar que una persona íntegra es aquella que vive de acuerdo a los límites establecidos por la sociedad de la cual forma parte.

En Santiago, la integridad, está vinculada a la visión del autor que establece a Dios como eje del quehacer humano y que está por encima de las formas establecidas de relacionamiento social cotidiano. Hay que hacer la salvedad de que el Dios al que apunta Santiago si bien guarda aspectos fundamentales del sistema social del autor, también es cierto que ha modificado sus límites y las relaciones dentro de los espacios como es el caso del capítulo 2 1-13. La asamblea no puede reproducir las relaciones de status establecidas como norma del sistema social porque ha escogido a los pobres, ricos en fe y herederos del Reino… Esta visión plantea una modificación tanto al sentido de integridad como al de pureza. Para Santiago lo opuesto a la condición de integridad/completud (pureza) es la persona que vive una doble vida:

> Lo contrario de completud es la condición dividida. Algunas divisiones internas resultan de la decepción, cuando los hipócritas enmascaran un mal corazón con una correcta conducta externa. Otras resultan de una incompleta conversión. Santiago exhorta a algunos diciendo "limpien sus manos, pecadores, y purifiquen sus corazones, ustedes de doble corazón" (4.8); manos y corazón deberían ambos estar limpios… Santiago nota también que algunos que oran son de doble corazón (1.8) y así no reciben lo que ellos buscan a través de la oración. Un corazón lleno de fe es un corazón íntegro: aquellos que oran con una sola mente (un solo corazón) serán escuchados (Mr 11.23). La falta de de completud puede ser llamada dureza de corazón, esto es, una condición de división interna cuando el corazón no cree lo que ven los ojos (Mr 3.5; 8.17; Jn 12.40). (Neyrey, Wholeness, 1998, págs. 204-207)

Santiago apunta a la experiencia de completud/integridad al subrayar la presteza para oír y la tardanza para hablar como ejercicio efectivo del hacer la palabra. Entonces, "Palabra de verdad" y "ley íntegra de la libertad" apuntan a la experiencia de vivir sin engañarse uno mismo. La relación oídos-manos/pies, por ejemplo, está indicada en que la persona pronta a escuchar es aquella pronta al hacer de acuerdo con la ley de la libertad.

También Mateo va en la misma línea:

> En la cátedra de Moisés se sientan los escribas y los fariseos. Así que, todo lo que os digan que guardéis, guardadlo y hacedlo; pero no hagáis conforme a sus obras, porque dicen, pero no hacen. Atan cargas pesadas y difíciles de llevar, y las ponen sobre los hombros de los hombres; pero ellos ni con un dedo quieren moverlas. Antes bien, hacen todas sus obras para ser vistos por los hombres, pues ensanchan sus filacterias y extienden los flecos de sus mantos; aman los primeros asientos en las cenas, las primeras

> sillas en las sinagogas, las salutaciones en las plazas y que los hombres los llamen: "Rabí, Rabí". Pero vosotros no pretendáis que os llamen "Rabí", porque uno es vuestro Maestro, el Cristo, y todos vosotros sois hermanos. Y no llaméis a nadie vuestro Padre en la tierra, porque vuestro Padre que está en los cielos es uno solo. Ni seáis llamados maestros, porque uno es vuestro Maestro, el Cristo. El que es el mayor de vosotros sea vuestro siervo, porque el que se enaltece será humillado, y el que se humilla será enaltecido. (Mt 23.2-13)

El texto anterior pone de manifiesto que la experiencia de integridad es la vida que se vive en la confianza y lealtad en y hacia Dios y en y hacia Jesús. De esta manera se enfatiza la orientación de la vida depositada en el honor adquirido en Dios y la militancia dentro del Reino de Dios, con la implicación a la renuncia al honor adscrito socialmente.

Es la carga socio-cultural del título y la apropiación formal de un status lo que hace más fuerte la crítica. Estas dimensiones se dan en el rango de un Maestro. Strack y Stemberger (Strack, H.L.; Stemberger, G., 1988, pág. 45) señalan que el objetivo de la formación rabínica es capacitar a la persona discípula para decidir por sí misma sobre cuestiones de derecho religioso. La ordenación, por lo menos en Palestina implica la continuidad de la tradición desde Moisés hasta el presente. En el tratado Sanedrín de la Misná en 5a se muestran las áreas de trabajo del rabino recién ordenado:

- ¿Puede enseñar?

- Puede.

- ¿Puede juzgar?

- Puede.

- ¿Puede permitir?

- Puede.

Este status permite no solo enseñar dentro de un espacio social definido para ese cometido, sino también constituirse en árbitro de las gestiones de la comunidad y, además, establecer los grados de pureza e impureza de las personas para la participación en los rituales. Esto resuelve en gran parte las temáticas tratadas por Santiago, en especial, aquellas que subrayan el papel de jueces en 2.1-13 y 4.11-12. Maestro y juez son tareas que los rabinos pueden realizar en comunidades en donde se requiere el arbitraje en problemas cotidianos. Todas estas tareas forman parte de un rango que se adquiere dentro de los márgenes del honor adscrito y forman parte estructural de la vida comunitaria en donde las diferencias entre lo religioso y lo secular no existían.

La condición de ser Maestros implica la integridad o completud de la persona, es decir, que esta sea una persona sin falta de ningún miembro o sin enfermedades visibles sino también una persona justa. En su decir y su hacer esta mostrará una sola tendencia que será convergente con la ley íntegra/perfecta de la libertad (1.25) que deviene de la palabra de verdad con que Dios ha parido tanto al que escribe como a los que leen y escuchan (1.18). La recomendación de Santiago es que es preferible llegar a ser hacedor de la palabra (1.20), que llegar a ser maestro (3.1). Los versos 1.20 y 3.1 están en paralelo a través del mismo verbo griego.

La situación social de los receptores de Santiago debe identificarse con las presiones que sufren los maestros a la hora de actuar socialmente dentro del marco del honor adscrito. Es decir, del honor que es consignado a cada persona según su linaje. Esto hace de los Maestros personas que se ubican en el medio, con connotaciones más parecidas a aquellas que se plasman en las actuales investigaciones sobre el lugar social del Evangelio de Q. Los ricos tienen un linaje honorable y este les ha provisto su riqueza, la cual no consiste en capital sino en tierras. Los pobres no tienen honor socialmente adscrito de ahí la importancia del concepto "los pobres de Yahveh" o "en espíritu". No son reconocidos como portadores de honor, por ende, son avergonzados y viven en la vergüenza. El honor también se puede adquirir a través de los combates por el mismo en el entramado social entre personas del mismo status. También se puede perder merced a malas decisiones o a no saber defenderlo, o a la suerte (una enfermedad terrible, por ejemplo, como la ceguera o la lepra) (Malina B. , 1981, págs. 226-250).

El evangelio de Q, es el nombre que se le ha dado a los textos que aparecen en Mateo y Lucas pero que no están en Marcos. La letra mayúscula Q es la primera letra de la palabra alemana "Quelle" que significa fuente en el sentido de un documento del que se alimenta otro u otros documentos. Por ejemplo, Marcos es fuente de Mateo y Lucas. Del mismo modo Q es una fuente que alimenta a Mateo y Lucas pero no a Marcos. Este evangelio se ha reconstruido a lo largo de muchos años de investigación. El documento como tal no existe en ningún manuscrito antiguo. El método para hacerlo es poner los tres evangelios: Mateo, Lucas y Marcos, uno a la par del otro, en sinopsis, de manera tal que se puede observar los pasajes que se repiten en los tres y el orden en que se repiten.

Por ejemplo, el Sermón del Monte que está ampliamente desarrollado en Mateo 5.1ss y menos en Lucas 6.20ss, pero no encontramos estos pasajes en el Evangelio según San Marcos. En los últimos años Q ha sido uno de los temas de la crítica bíblica y se ha logrado reconstruir este evangelio hasta el punto de tener identidad propia y no ya la que obtenía de Mateo o Lucas. Es importante entender que Q sería un protoevangelio al que le falta el relato de la pasión. Marcos es el primer evangelio como tal que conocemos. Patrick Hartin ha establecido claramente la relación de Santiago con Q a través del estudio de las tradiciones sapienciales que emergen de ambos textos (Hartin, 1991).

Ahora, en lo que toca a Santiago, Q puede ser de gran valor Kloppenborg ha propuesto que "Q" refleja la práctica y los valores de los escribas y dice: "El rol del escriba fue autoconscientemente un rol público: el escriba requiere ocio, lo cual no estaba disponible para los artesanos y campesinos, sino que la responsabilidad el escriba fue en última instancia con el público y la aprobación pública en forma de honor y fama que corona los logros del sabio (Sir 39. 1-11)"

(Kloppenborg, 2000, págs. 210-213). Dentro de esta línea Arnal señala que en Q se demuestra la exposición habitual a la experiencia del fenómeno de delegación y esta experiencia se trasluce en Q "El énfasis, entonces, concuerda bien con la experiencia y quizá la visión de mundo del escriba del pueblo –un intermediario que habitualmente actúa en nombre de la ley, el estado y los poderosos patrones." (Arnal, 2001, pág. 171)

La importancia de estas observaciones sobre Q y su relación con los sabios y escribas de los pueblos de Galilea nos ayuda a entender que estos tenían un papel de intermediarios entre los poderes y poderosos y el resto de la población.

Así que cuando en 2.1-13 se indica que las personas que asignan los lugares en la asamblea (el "hermanos míos") optan por acomodar a las personas según el honor adscrito, estos actúan como intermediarios entre los ricos y los demás violando el precepto deuteronómico de no atender a las personas según el rostro (Dt 1.17). Así Santiago pone en jaque la integridad de quienes organizan la asamblea, en otras palabras, cuestiona su honor. La temática del honor se ha subrayado en este texto a través del verso 6: "ustedes deshonraron al pobre". En 2.5 se ha explicado el por qué: Dios ha escogido a los pobres, ricos en fe, herederos del Reino que Dios ha prometido a quienes le aman. Así, en la comunidad se construye otro criterio de honor: el honor conferido por Dios. Por eso, cuando se deshonra al pobre, se deshonra a quien le ha conferido honor, dicho de otro modo, se blasfema el buen nombre que ha sido invocado sobre ustedes (2.7). Santiago lidia con las tensiones entre el honor adscrito y el honor conferido en un contexto en donde el primero es evidente (se trata de la forma de ser del mundo, de donde depende el orgullo de los ricos, St 4.6-10, 16), mientras el segundo es lo verdadero y participa del ser de Dios (St 2.8). Quienes, como maestros organizan la asamblea usando los criterios del honor adscrito se han constituido en jueces con malos criterios, en oidores olvidadizos y en personas de doble corazón. Se busca, entonces, orientar para que estos maestros vuelvan a recuperar su completud/integridad. Esta es la sabiduría que viene de lo alto: fruto de justicia que se siembra en paz a los que hacen la paz (St 3.17-18).

Preguntas para la reflexión:

1. ¿Quién considera usted que es el autor del Escrito Sapiencial de Santiago?
2. ¿Cuáles son las características del grupo "Hermanos míos"?
3. ¿Por qué es importante este grupo en el Escrito Sapiencial de Santiago?
4. ¿Cómo definiría usted el concepto "completud"?
5. Resuma en sus propias palabras lo aprendido hasta aquí.

Materiales de apoyo:

http://es.scribd.com/doc/22891449/Varios-Autores-La-Carta-de-Santiago
www.verbodivino.es/documentos/PrimerCapituloPDF/2337.pdf
www.uca.edu.ar/uca/common/grupo20/files/071_**Santiago**_2010.pdf
http://es.scribd.com/doc/23830082/Raymond-E-Brown-Nuevo-Comentario-Biblico-San-Jeronimo-Nuevo-Testamento
http://es.scribd.com/doc/23828139/Raymond-E-Brown-Introduccion-al-Nuevo-Testamento-02

El género literario de Santiago, su ambiente vital y su propósito

Uno de los primeros pasos en el estudio de un texto bíblico es identificar su género literario. Hoy podemos diferenciar entre lo que es un artículo periodístico y lo que es una novela, o un cuento, o un poema. Cada una de estas formas responde a distintas formas de narrar la experiencia humana. Recordemos que en el siglo primero la escritura era algo muy inusual para las grandes mayorías y por lo tanto era lo oral lo predominante. Sin embargo, también, como hoy, hubo formas especiales para compartir la experiencia. En el Segundo Testamento, por ejemplo, se puede diferenciar claramente lo que es un evangelio de lo que es una carta. En el caso de Santiago, se ha asumido el escrito como una carta y se ubica entre las llamadas cartas católicas que corresponde a aquellas que no están dirigidas a una comunidad específica.

Si Santiago es una carta debemos poder encontrar las características que la definen como tal, es decir: quien escribe tiene una relación cercana con el o las personas a quienes escribe y eso debe ser evidente en el saludo y la despedida. Pero también las cartas de Pablo, por ejemplo, Gálatas, tiene dos grades secciones, la primera es una reflexión sobre Jesucristo y se enuncian algunos problemas o situaciones que originan la carta, y la segunda una forma de mostrar las implicaciones prácticas de esa reflexión. El saludo es fundamental porque en este se incluyen aspectos que luego serán tratados, se identifica a quienes se les escribe y se ofrece una bendición como se puede ver en la carta a los Gálatas:

> <u>Pablo, apóstol (no por disposición de hombres ni por hombre, sino por Jesucristo y por Dios Padre que lo resucitó de los muertos), ² y todos los hermanos que están conmigo, a las iglesias de Galacia:</u> ³ Gracia y paz sean a vosotros, de Dios Padre y de nuestro Señor Jesucristo, ⁴ el cual se dio a sí mismo por nuestros pecados para librarnos del presente siglo malo, conforme a la voluntad de nuestro Dios y Padre, ⁵ a quien sea la gloria por los siglos de los siglos. Amén. **(**Gálatas 1.1-5)

Usualmente, luego de la presentación de quien escribe y la descripción de hacia quienes va dirigida la carta se escribe, como en el caso anterior, una doxología ("Fórmula mediante la cual se alaba la gloria de Dios" (Flor, 2000). Luego viene el cuerpo de la carta con sus distintos temas y una conclusión que contiene un saludo final y buenos deseos y bendiciones para las personas destinatarias. Algunas veces estos saludos finales son escritos de puño y letra de quien envía la carta. Esto porque no siempre quien dirige la carta y quien la escribe es la misma persona. Así sucede con el final de Gálatas (subrayo los elementos anteriores):

> ⁹ No nos cansemos, pues, de hacer bien, porque a su tiempo segaremos, si no desmayamos. ¹⁰ Así que, según tengamos oportunidad, hagamos bien a todos, y especialmente a los de la familia de la fe. ¹¹ <u>Mirad con cuán grandes letras os escribo de mi propia mano.</u> ¹² Todos los que quieren agradar en

> la carne, esos os obligan a que os circuncidéis, solamente para no padecer persecución a causa de la cruz de Cristo, ¹³ porque ni aun los mismos que se circuncidan guardan la Ley; pero quieren que vosotros os circuncidéis, para gloriarse en vuestra carne. ¹⁴ Pero lejos esté de mí gloriarme, sino en la cruz de nuestro Señor Jesucristo, por quien el mundo ha sido crucificado para mí y yo para el mundo, ¹⁵ porque, en Cristo Jesús, ni la circuncisión vale nada ni la incircuncisión, sino la nueva criatura. ¹⁶ A todos los que anden conforme a esta regla, paz y misericordia sea a ellos, y al Israel de Dios. ¹⁷ De aquí en adelante nadie me cause molestias, porque yo llevo en mi cuerpo las marcas del Señor Jesús. ¹⁸ <u>Hermanos, la gracia de nuestro Señor Jesucristo sea con vuestro espíritu. Amén.</u> (Gálatas 6.9-18)

También se puede apreciar la calidad de relaciones de cercanía y confianza en el final de 1 Corintios:

> En cuanto a la ofrenda para los santos, haced vosotros también de la manera que ordené en las iglesias de Galacia. ² Cada primer día de la semana, cada uno de vosotros ponga aparte algo, según haya prosperado, guardándolo, para que cuando yo llegue no se recojan entonces ofrendas. ³ Y cuando haya llegado, enviaré a quienes vosotros hayáis designado por carta para que lleven vuestro donativo a Jerusalén. ⁴ Y si es conveniente que yo también vaya, irán conmigo. ⁵ Iré a visitaros cuando haya pasado por Macedonia, (pues por Macedonia tengo que pasar), ⁶ y puede ser que me quede con vosotros, o aun pase el invierno, para que vosotros me encaminéis a donde haya de ir. ⁷ No quiero veros ahora de paso, pues espero estar con vosotros algún tiempo, si el Señor lo permite. ⁸ Pero estaré en Éfeso hasta Pentecostés, ⁹ porque se me ha abierto una puerta grande y eficaz, aunque muchos son los adversarios. ¹⁰ Si llega Timoteo, procurad que esté con vosotros con tranquilidad, porque él hace la obra del Señor lo mismo que yo. ¹¹ Por tanto, nadie lo tenga en poco, sino encaminadlo en paz para que venga a mí, porque lo espero con los hermanos. ¹² Acerca del hermano Apolos, mucho le rogué que fuera a vosotros con los hermanos, pero de ninguna manera tuvo voluntad de ir por ahora; pero irá cuando tenga oportunidad. ¹³ Velad, estad firmes en la fe, portaos varonilmente y esforzaos. ¹⁴ Todas vuestras cosas sean hechas con amor. ¹⁵ Hermanos, ya sabéis que la familia de Estéfanas es las primicias de Acaya, y que ellos se han dedicado al servicio de los santos. ¹⁶ Os ruego que os sujetéis a personas como ellos, y a todos los que ayudan y trabajan. ¹⁷ Me regocijo con la venida de Estéfanas, de Fortunato y de Acaico, pues ellos han suplido vuestra ausencia, ¹⁸ porque confortaron mi espíritu y el vuestro; reconoced, pues, a tales personas. ¹⁹ Las iglesias de Asia os saludan. Aquila y Priscila, con la iglesia que está en su casa, os saludan mucho en el Señor. ²⁰ Os saludan todos los hermanos. Saludaos los unos a los otros con beso santo. ²¹ Yo, Pablo, os escribo esta salutación de mi propia mano. ²² El que no ame al Señor Jesucristo, sea anatema. ¡El Señor viene! ²³ La gracia del Señor Jesucristo esté con vosotros. ²⁴ Mi amor en Cristo Jesús esté con todos vosotros. Amén. **(1 Cor 16.1-24)**

Entre el saludo y la despedida, las cartas del Segundo Testamento (Nuevo Testamento) usualmente contienen dos partes centrales. La primera es de tipo reflexivo en donde se expresan los puntos de vista que preocupan al autor y la segunda parte es de tipo práctica o ética y trata sobre la manera de conducirse dentro de la perspectiva de la primera parte. Esto se puede apreciar con mucha claridad en Gálatas en donde 1.6-4.31 corresponde a la primera parte y 5.1-6.17 corresponde a la segunda.

Si bien la carta tiene este carácter personal y de cercanía, la epístola, supone una dimensión más distante y más general. Según Zimmermann las epístolas son tratados disfrazados de carta y pone como ejemplo el caso de la Carta a los Hebreos y 1 Pedro (Zimmermann, Los métodos histórico-críticos del Nuevo Testamento, 1969, pág. 147).

Stanley K. Stowers señala que "Tres importantes características de la carta son, su ocasionalidad, la ficción de presencia personal y su habilidad para absorber otros géneros. Las cartas, más que otros tipos de literatura, están obviamente incrustadas en los contextos sociales e interacciones de momentos históricos particulares. Los tiempos, lugares, estatus social y contextos históricos de quien envía y de quien recibe son componentes cruciales del significado de una carta. La carta ficcionaliza la presencia personal de quien envía y de quien recibe. La voz autoral es construida como si hablara directamente a la audiencia. Las cartas tienen a ser dialógicas; el autor en el texto anticipa lo que la audiencia desea decir y cómo irá a reaccionar." (Stowers S. , 1992)

Al comparar Santiago con la descripción de Stowers prácticamente no hay ninguna semejanza con una carta. Quizá algo aparece en St 1.1. Este verso presenta al autor y a los destinatarios pero dentro del contexto que mencionamos páginas atrás. Es alguien que asume el papel del Patriarca Jacob y que se dirige a sus hijos. Por lo demás no hay en Santiago ni saludos específicos, ni doxologías y tampoco algún saludo final. Tampoco existe alguna diferenciación entre las dos partes de una carta que también mencionamos. Al contrario, este escrito entreteje reflexión y práctica a través de ejemplos que, de un modo u otro, si bien no son específicos si son concretos. Entonces ¿para qué seguir llamando carta a Santiago si este escrito no cuenta con prácticamente ninguna de las características formales de una carta?

Un dato que no puedo dejar pasar es reconocer el hecho de que en el siglo primero, en el Mediterráneo, domina la oralidad. En las categorías actuales el analfabetismo era de un 90 a 95%, los escritos que conforman el Segundo Testamento son excepciones y no la regla de la interacción en aquella época. Del mismo modo, siendo la oralidad lo dominante (en contraste con nuestro mundo costarricense actual, por ejemplo), las formas escritas están sujetas a tal experiencia, se escribe para la lectura en voz alta, así que se escribe, para escuchar y las gentes de esas épocas estaban más preparadas que nosotros hoy para escuchar y apreciar lo escuchado (Thomas, 1999 (1992), pág. 107) . Aunque lo oral pase a ser escrito, la literatura está orientada por las condiciones propias de la oralidad (Niditch, 1996).

Downing dice "Loveday Alexander nos ha recordado recientemente lo muy esparcida que está la preferencia por "la voz viva", aduciendo evidencia desde

Platón hasta Galeno y más allá... "El texto escrito jugó con mucho el rol que juega la partitura de una composición musical hoy... uno adquiere una copia con la intención de, teniéndola, interpretarla por uno mismo..." " (Downing, 1996) Esta última observación señala que aun y cuando se tenga escrita una canción uno siempre agregará lo propio a la hora de tocarla. Así que la forma de escribir tiene características propias de la oralidad como riqueza sonora, repeticiones de palabras, argumentos que atrapan el interés a través de preguntas y ejemplos. El texto tiene una vida propia que, como decía Stowers, hace presente la vitalidad misma de quien lo envía.

Habrá que pensar en el significado político y social que conlleva el construir un grupo de escritos producidos por grupos minoritarios como lo fueron los cristianismos del siglo primero. En un sentido amplio se puede decir que la cultura escrita es un medio de dominación de los grupos en el poder (Harris, 1991, pág. 334) y por lo tanto, quienes logran manifestar sus experiencias de vida, desde el reverso, desde aquellos que no tienen poder producen una memoria liberadora.

Es cierto que al escribir, lo escrito pasa a ser Escritura, texto sagrado como lo había manifestado Ched Myers con relación al Evangelio de Marcos (Myers, 1988, pág. 92ss), lo que implicaba una voluntad de normatizar, de poner en un orden sagrado la historia y reducir la libertad de la tradición oral, también es cierto que la dimensión oral de la cultura implica, por oposición, una lectura vivencial del escrito. El texto no se interpreta, sino que se revivencia en la lectura, se vuelve a hacer voz. En este sentido, lo normatizado no tiene efecto restrictivo hasta el momento en que se tiene el poder institucional para reprimir las lecturas disidentes. En tanto esto no suceda, la Escritura será espíritu, no letra. El texto de Santiago se transforma en memoria desde el reverso, desde los deshonrados de la historia.

En cuanto a la función social del género literario, se puede decir que las sociedades tienen distintas formas de referirse a eventos que cotidianamente son significativos. Estos eventos hoy podrían ser noticias de sucesos, o el nacimiento de un niño o niña, o la muerte de alguien cercano, o solicitudes de hojas de vida para obtener un trabajo, o novelas, cuentos, poemas, entre muchos otros. Podríamos ver un periódico y observar las distintas maneras de referirse a estos eventos. Por ejemplo, el nacimiento de un niño o niña en una familia no se comunica de la siguiente forma:

> **Nacimiento**
>
> Fecha: 12 de marzo del 2008
> Lugar: Hospital Rafael Calderón Guardia
> Sexo: varón
> Peso: 3 Kg
> Medida: 50 cm
> Nombre Carlos Roberto
> Padre: Mario Salas Betancourt
> Madre: Rosario Camacho Blanco
>
> Enviar regalos y felicitaciones a la siguiente dirección: Apartado 1102 Heredia.

Aunque esta forma de comunicar tal noticia pueda ser muy eficiente, nuestra sociedad no la considera ni la expresa de esa así. Es muy raro que el nacimiento de un hijo o hija se incluya en un periódico. ¿Quién anunciaría el nacimiento de un hijo o hija en un periódico? ¿En qué periódico? ¿Cuál sería la forma de una esquela como esa?

Tenemos maneras especiales para comunicar el nacimiento de un hijo o hija y un protocolo para realizar esa comunicación, así como unos deberes sociales que corresponden al momento. Esa manera particular de comunicar, el cómo, el cuándo, el dónde de un evento es, grosso modo, lo que llamamos en el estudio de la Biblia, género literario.

La disciplina llamada **historia de las formas** o **crítica de las formas** es la encargada de sistematizar y comprender las formas sociales de comunicación que encontramos en la Biblia toda. Vernon Robbins indica en el *Anchor Bible Dictionary*:

> En los estudios del N.T., la crítica de las formas puede ser definida como "una metodología sistemática, científica, histórica y teológica para analizar las formas, y en alguna extensión el contenido, de la literatura cristiana primitiva, con especial referencia a la historia del temprano movimiento cristiano en sus actividades reflexivas y teológicas " (Robbins, 1992)

Así que el género literario expone una manera de existir, una experiencia de vida. Por esa razón definir si Santiago es una carta u otro género literario en realidad plantea el problema del ambiente vital en donde se escribe. El caso de Santiago debe ser revisado para entender esta obra como una cosa diferente a "Carta".

Materiales para la reflexión

http://www.severinocroatto.com.ar/?p=143

La sabiduría y Santiago

El tema del género literario, entonces, toca, sobre todo, la cuestión del ambiente vital en donde Santiago cobra identidad. Si Santiago no es una carta ¿qué es? La propuesta que sigue resume tanto mi experiencia con el texto como el ritmo de los estudios bíblicos sobre este escrito en este momento.

La fórmula "la ley y los profetas" usada en los evangelios sinópticos ha sido una especie de cierre de visión para nuestra lectura del Segundo Testamento. Se acepta implícitamente que lo fundamental del Primer Testamento (Antiguo Testamento, en adelante PT) son estas dos tradiciones, apartando de nuestro rango de visión otras dos que son fundamentales también: **la apocalíptica** y **la sabiduría**. En el primer caso, se le ha dado espacio a la apocalíptica ya que contamos con un libro del Segundo Testamento con el nombre de Apocalipsis y que ha resultado en un texto ideal para fabular acerca del fin del mundo. Así que, cuando queremos saber cómo anda el reloj de Dios, leemos ese libro y buscamos datos coincidentes entre las noticias y el texto, de modo que se nos aclare el momento en que vivimos. Un ejemplo de este mal uso del Apocalipsis fue la película *El extinto planeta tierra* presentada en los cines del país en los años ochenta.

> El sabio puede sentarse en un hormiguero, pero sólo el necio se queda sentado en él.
>
> Proverbio chino

La apocalíptica no tiene el fin de ser un mapa encriptado de lo que pasará sino un detonante para la imaginación en momentos de extremo control y orden. También se nos olvida que el término "testimonio" es un tema clave en el Apocalipsis (1.2,9; 6.9; 11.7; 12.11,17; 19.10; 20.4) y este nos reta no a saber cómo evadir las grandes tribulaciones sino cómo ser luz en medio de la oscuridad producida por la falta de enseñar e imaginar la posibilidad de un mundo en donde se erradique la muerte y el dolor: "Enjugará Dios toda lágrima de los ojos de ellos; y ya no habrá más muerte, ni habrá más llanto ni clamor ni dolor, porque las primeras cosas ya pasaron" (Ap 21.4). Con mucha facilidad hemos aceptado que la muerte y el dolor son producto de la suerte echada al género humano por el pecado original. Dejamos de lado, así, el reto de vivenciar hoy la esperanza en acciones consecuentes con esa esperanza. Uno orienta su vida de acuerdo a las esperanzas que tiene y, si se es consecuente, se puede alcanzar, en el día a día, un trozo de nuestros sueños. En fin, la llamada de la literatura apocalíptica cristiana sería a la resistencia, a la perseverancia en nuestras convicciones no a saber cuándo es el fin del mundo: "No os toca a vosotros saber los tiempos o las ocasiones que el Padre puso en su sola potestad; pero recibiréis poder cuando haya venido sobre vosotros el Espíritu Santo, y me seréis testigos en Jerusalén, en toda Judea, en Samaria y hasta lo último de la tierra." (Hechos 1.7-8)

En el caso de la sabiduría, esta ha pasado inadvertida en la formación cristiana. Quizá la frase "el temor a Jehová es el principio de la sabiduría" junto a Proverbios 31, son los dos elementos más usados en nuestra formación.

Pero, ¿qué es la sabiduría? La sabiduría es un proceso de conocimiento que se va formando a través de la contemplación reflexiva de la vida en su dinámica, complejidad, conflicto. Su objetivo último es la felicidad y esta se obtiene por medio de la sensatez. El autor que más ha profundizado en este tema en el contexto de habla hispana es Luis Alonso Schökel. Él señalaba sobre la sabiduría: "El panorama que nos presentan no puede ser más desolador. G. Von Rad nos dice que a medida que aumentan los trabajos científicos sobre la materia, el concepto de Sabiduría se oscurece más. Dar una definición que comprenda el fenómeno de la Sabiduría en Israel es imposible, porque tal concepto no existe. Otros autores prefieren hablar de la complejidad de la Sabiduría o de sus sentidos ambiguos, comparándola a una sombrilla que cubre ámbitos no unívocos. Sin embargo, es necesario trabajar con un concepto al menos aproximado. En este sentido creo que hay que tomar la definición de von Rad: sabiduría es "un conocimiento práctico de las leyes de la vida y del universo basado en la experiencia" como lo han entendido todos los pueblos." (Alonso-Schökel, Luis; Vílchez, J., 1985, pág. 52)

La propuesta de Alonso Schökel es que la sabiduría es una oferta de sensatez:

> Una oferta de sensatez. Tal es la fórmula que propongo. Si bien hokma (sabiduría en hebreo) cubre una ancha gama de significados, creo que el más característico es "sensatez" o "cordura"- "Sensatez" viene de *sensus*, que es percepción, conocimiento, razón. También del latino *sensus* viene el castellano "seso": hombre de seso era hombre sesudo, sensato; perder el seso era volverse loco. "Cordura" viene de "cor" = corazón, como sede y centro de la vida consciente. Otros sinónimos son "tiento", "juicio", "buen sentido"-
>
> El sustantivo oferta indica que no se trata de ley o mandato en sentido estricto. Se ofrece una cosa de valor, se pregona y encarece, se busca compradores, que saldrán ganando con la compra. Si no lo hacen ellos se lo pierden. Pero no hay sanción legal, no hay cláusula penal para los que la rechacen.

El hombre, que es por naturaleza *homo sapiens*, ha de madurar en sapiencia. Ha de usar la razón para razonar y hacerse razonable y no ceder a la sinrazón: "Sigue razón, aunque a unos agrade y a otros non". La oferta genérica puede cuajar en programa de formación y educación. (Alonso-Schökel, Luis; Vílchez, J., 1985, págs. 20-21)

El aporte total de este libro es muy denso e imposible de resumir en este contexto, no obstante, podemos entresacar algunas otras ideas. L. Alonso Schökel habla de la sabiduría como artesana: "la hokma (sabiduría) creadora de Dios es una

---

> El sabio puede cambiar de opinión. El necio, nunca.
>
> Immanuel Kant
> (1724-1804)
> Filosofo alemán.

proyección de la experiencia humana, es un esfuerzo de comprender y hablar analógicamente de Dios. Pues Bien: la sabiduría creadora del Dios del A. T. No es simplemente intelectual encasillada en el saber. Es más bien sabiduría artesana: saber hacer, saber realizar." (Alonso-Schökel, Luis; Vílchez, J. , 1985, pág. 21) y continúa:

> Modelar con decisiones pequeñas y grandes la propia vida es tarea artesana, es hacer obra de arte. Tarea de tanteos, errores, enmiendas. Día a día otros hombres pueden contemplar una existencia que se desarrolla "según arte"; al final les quedará el recuerdo de una vida como obra acabada, "su recuerdo será bendito" (Prov 10.7)
>
> ¿Cómo podrá el hombre realizar tan ingente tarea? Artesano de su vida, ¿dónde y cuándo aprenderá el oficio? ¿Cómo se orientará en situaciones nuevas e imprevistas? Por más que planee, le sorprenderán situaciones inesperadas. Trabajando con diligencia, se fatigará; múltiples factores lo desorientan. Hay en el hombre fuerzas de insensatez: el mundo instintivo, la energía de la pasión, el egoísmo a corto plazo. Hay fuerzas sustraídas en potencia o en acto a la razón, fuerzas oscuras no dominadas con lucidez... (Alonso-Schökel, Luis; Vílchez, J. , 1985, pág. 23).

> Hay dos maneras de difundir la luz... ser la lámpara que la emite, o el espejo que la refleja.
>
> Lin Yutang (1895-1976) Escritor y filólogo chino.

La sabiduría le permite a los seres humanos recuperar toda la experiencia vivida por personas de su mismo pueblo y de otros pueblos. Experiencia que les aporta luz para vivir la vida de un modo más rico y feliz. A esto se refiere Alonso-Schökel cuando llama a ser artesano de su vida. Se trata de dedicar tiempo a vivir, de experimentar la vida en sus dimensiones de gracia y don y llevar este conocimiento, este saber hacer, un nivel más, enriqueciéndolo con la experiencia propia.

Las mujeres han encontrado en la sabiduría un camino para reflexionar desde lo femenino de Dios. Por esta razón, queremos aportar, aunque muy brevemente, algunos aspectos del pensamiento de Elisabeth Schüssler-Fiorenza cuyo libro *Los caminos de la Sabiduría. Una introducción a la interpretación feminista de la Biblia* (Schüssler-Fiorenza, 2001) es sin duda una obra que pone sobre la mesa la importancia de la Sabiduría para una lectura de la tradición cristiana desde las mujeres.

Ella ha concentrado en la Sabiduría un eje fundamental para que las mujeres, y también los hombres, entendamos la forma de vivir la fe fuera de la asimetría de poder establecida por el patriarcalismo:

> Tanto en el vocabulario bíblico como en el discurso religioso contemporáneo, la palabra "sabiduría" tiene un doble significado: puede aludir ora a una característica de la vida de las personas, ora a una representación de la Divinidad (o a ambas a la vez). La sabiduría no constituye, en ninguna de sus dos acepciones, un patrimonio exclusivo de las tradiciones bíblicas, sino que se halla presente en el imaginario y en los escritos de todas las religiones conocidas. Es transcultural, internacional, interreligiosa. Se trata de un conocimiento práctico que se obtiene de la experiencia y la vida cotidiana. Pero también del estudio de la creación y de la naturaleza

humana. Las dos acepciones del término, el de capacidad (sabiduría) y el de personificación femenina de la Divinidad (Sabiduría), poseen una importancia fundamental de cara a la elaboración de una espiritualidad bíblica feminista que pretenda hacer de las lectoras de la Biblia sujetos críticos de interpretación.

> La sabiduría es un estado de la mente y del espíritu humanos que se caracteriza por una profunda clarividencia y una certera perspicacia. Es presentada como una cualidad que poseen las personas sabias, pero que también es atesorada como sabiduría e ingenio popular. La sabiduría es el poder de discernimiento, de intelección profunda, de creatividad; es la habilidad de moverse y danzar, establecer asociaciones, saborear la vida y aprender de la experiencia. Su significado principal se hace patente en el término latino sapientia, que deriva del verbo sapere, esto es, saborear y gustar. La sabiduría es la inteligencia cincelada por la experiencia y aguzada por el análisis crítico. Es la habilidad de tomar decisiones acertadas y adoptar resoluciones prudentes. (Schüssler-Fiorenza, 2001, págs. 39-40)

> Si me ofreciesen la sabiduría con la condición de guardarla para mí sin comunicarla a nadie, no la querría.
>
> Lucio Anneo Séneca (2 AC-65) Filósofo latino.

Para esta mujer pionera en los estudios bíblicos formales, el estudio o el seguimiento a la Sabiduría no es un proceso intelectual sino una espiritualidad con toda la carga de significado personal y colectivo, solidario, compasivo y sobre todo de integridad:

> La espiritualidad bíblica de la sabiduría/Sabiduría es una espiritualidad de caminos y viajes, de lugares públicos y fronteras abiertas, de sustento y celebración. Es una espiritualidad que brinda alimento para hacer frente a las luchas por la justicia, una espiritualidad que cultiva la creación y la vida en plenitud. El objetivo de la enseñanza de la Sabiduría consiste en imponer una cierta forma de orden en la miríada de experiencias que determinan la identidad de la persona, capacitándola así para hacer frente a la vida. La enseñanza de la Sabiduría brinda una orientación para actuar correctamente, para saber qué hacer y en qué momento. Implica comprometerse en juicios de valor que instan a seguir un determinado curso de acción. Veracidad, fidelidad, amabilidad, honestidad, independencia, autocontrol, justicia; todas estas actitudes son las que hacen andar por los caminos de la Sabiduría. Dicho brevemente: la Sabiduría plantea como promesa la plenitud y la posibilidad de una "vida buena"; es una búsqueda de justicia y orden en el mundo que puede guiarse por un discernimiento basado en la experiencia. La enseñanza de la Sabiduría no disocia la fe y el saber, no divide el mundo en una esfera religiosa y otra secular, sino que proporciona un modelo para vivir una "mística de lo cotidiano"" (Schüssler-Fiorenza, 2001, pág. 41)

Lo que se busca con este acercamiento para la formación del aprendizaje de los caminos de la Sabiduría es avivar la capacidad del pensamiento crítico, así como la autoestima. De este desarrollo del conocimiento como espacio democrático y relacional surge la posibilidad de aprender a ser capaces de comprometernos constructivamente con la diferencia y la diversidad como lo propiamente natural tanto, las escrituras contenidas en la Biblia, como del espacio cultural en donde nos movemos. El objetivo es entender las diferentes maneras en que los textos bíblicos influyen y ejercen su poder en la vida social y religiosa. Pero también y, sobre todo, motivar y fomentar los movimientos emancipatorios que promuevan un mundo más justo, un mundo caracterizado por la "buena vida", como ella lo indicara en la cita anterior.

Santiago recupera esa tradición y la integra al Segundo Testamento de un modo particular y claro. Richard Bauckham señala que "la sabiduría es la enseñanza de un maestro, quien instruye con la autoridad de su propia experiencia, observación, perspectiva, y reflexión. Típicamente el sabio da razones del por qué los ejemplos desde la experiencia común, los cuales ayudan a sus escuchas a ver el mundo de una cierta manera. Comparte con ellos una perspectiva sobre la vida y la manera de vivirla. Pero esto no hace de sus enseñanzas algo menos religioso en carácter que aquellas de otros géneros. La Sabiduría fue entendida como dada por Dios, y "el temor del Señor" fue fundamental para la perspectiva del sabio sobre el mundo." (Bauckham, 2001, pág. 110)

Bauckham subraya la relación de la instrucción de Santiago con la Sabiduría de Ben Sira (Eclesiástico) y con el Sermón del Monte de Mateo. Entonces "para clasificar Santiago como una instrucción de sabiduría no es necesario en sí alinear el texto con una tendencia particular del judaísmo. La versión del judaísmo de Santiago propone ser identificada por sus referencias específicas a Jesús como Señor y Mesías, y por la muy profunda manera en la cual... su sabiduría está embebida para, asemejarse y desarrollar aquella de Jesús." (Bauckham, 2001, pág. 112)

Considerando lo anterior, es razonable entender Santiago como un escrito sapiencial, es decir, como un escrito de sabiduría. Hartin resume: "La Carta de Santiago…su propósito principal es dar un consejo de sabiduría práctica a sus lectores sobre cómo guiar sus vidas. En ese sentido, Santiago, se muestra sobre todo como un maestro de sabiduría preocupado por proveer un consejo que sus lectores deben seguir. Santiago también combina las perspectivas proféticas, escatológicas y deuteronomista con la sabiduría" (Hartin, 1991, pág. 79).

El escrito abre con este tema: "Si alguno de vosotros tiene falta de sabiduría, pídala a Dios," (1.5), el tema se retoma con mayor profundidad en el capítulo 3.13ss. Severino Croatto ha mostrado la relación de Santiago con el libro de la Sabiduría (Croatto, La carta de Santiago como escrito sapiencial, 1998) y en mi artículo "Pruebas: formadoras de integridad" he podido mostrar la relación entre Santiago 1 y Eclesiástico 2 (Mena, 2003).

Pero también Proverbios juega un papel en el pensamiento de Santiago. Entre los pasajes significativos puede subrayarse Pr 10.1-11.15 y 14.1-35 en ambos casos se entretejen juegos de relaciones entre boca, hablar, sabiduría, justicia, rectitud, integridad, mientras que, a la vez, se muestra con toda claridad cómo la boca/hablar de las personas malvadas genera violencia, calumnia, mentira: "La boca o los labios o la lengua se definen por las categorías de honradez/maldad, sensatez/necedad, y mentira como forma específica de maldad. Lo más interesante es la interferencia o sobre posición de ambos campos, sensatez y honradez." (Alonso-Schökel, Luis; Vílchez, J. , 1985, pág. 263). Esta tensión puede observarse en St 1.19-21 y 3.

> El sabio no enseña con palabras, sino con actos.
>
> Lao-tsé
> (570 aC-490 aC)
> Filósofo chino.

> El insensato que reconoce su insensatez es un sabio. Pero un insensato que se cree sabio es, en verdad, un insensato.
>
> Buda (563 AC-486 AC)
> Fundador del budismo.

Pr 10.9, recoge la dimensión de lo torcido y lo recto: "Quien procede sinceramente, camina seguro; el tortuoso queda descubierto" (Trad. Alonso Schökel y Vílchez). Alonso Schökel y Vílchez indican: "El término *tm* significa, en primer lugar, la integridad moral, la perfección; puede calificar un hablar entero, no dividido, no doble, sincero (véase Am 5.10; Jos 24.14; Jue 9.16). La antinomia de ´qŝ favorece esa especificación del sentido. Resulta así una leve paradoja que el que se esconde en recovecos y subterfugios es reconocido, queda descubierto y desenmascarado." (Alonso-Schökel, Luis; Vílchez, J. , 1985, pág. 262).

Así como St 1.5 apunta a la sabiduría como una búsqueda fundamental, también 1.4 indica el motivo de fondo de todo el escrito: "pero la paciencia ha de ir acompañada de obras perfectas para que sean perfectos e íntegros sin que dejen nada que desear" (Trad. BJ). El tema, entonces, es la calidad de vida: una vida perfecta, íntegra, completa y esta calidad tiene como suelo fértil las tradiciones sapienciales. El esfuerzo de este Maestro de Sabiduría es formar a otros Maestros para que vivan con integridad, con un corazón puro, no doble.

Como ya lo había indicado, la sabiduría tiene que ver con el vivir bien y el éxito en la vida, este vivir bien y vivir exitosamente provendrían del vivir en la fidelidad a Yahveh y esa fidelidad se manifiesta en la justicia y esto supone una disciplina que integra toda la existencia:

> El bienestar apunta a un modo de existencia, de ser y hacer, que resulta del proceso de llegar a ser sabio. A través de la disciplina (mûsār) las virtudes sapienciales serán actualizadas en la vida que continua en la búsqueda de la sabiduría, que, aunque continuamente buscada, nunca es totalmente poseída (Pr 1.2-7). Esta esfera del bienestar, o bendición, fue una estado de existencia en la cual el sabio vivió en armonía con el mundo, con otras personas, y más importante, con el creador. Desde que el sabio no contrasta las cosas materiales con valores inmateriales, el éxito incluye ambos elementos tangibles e intangibles: prosperidad y larga vida, pero también honor y felicidad. (Perdue, 1993, pág. 77)

A esto se refiere el concepto de completud: vivir en rectitud, justicia y equidad (Pr 1.1-7). Es una forma de vivir que realiza el orden del mundo según Dios y mantiene a la comunidad alejada del caos. También Alonso Schökel y Vílchez señalan lo mismo: "Dios ha creado el mundo con un orden fundamental. Labor del hombre sabio es investigarlo, respetarlo en la naturaleza o cosmos y en la vida social e individual, de tal manera que su actitud ante este orden, así querido y establecido por Dios, determinará su rectitud o justicia ante Dios y ante los hombres." (Alonso-Schökel, Luis; Vílchez, J. , 1985, págs. 80-81). Quienes se dejan guiar por sus pasiones engendran violencia (Pr 1.10-15) y toda clase de destrucción (Pr 1.20-33) y esta constante amenaza de regresar al caos primordial se experimenta como una realidad, por ende, el guardar la ley y los mandamientos de Dios implica responder fielmente al Creador que tiene todo firmemente bajo control (Crenshaw, 1993, pág. 10).

> La sabiduría se preocupa de ser lenta en sus discursos y diligente en sus acciones.
>
> Confucio (551 AC-478 AC) Filósofo chino.

Vale la pena volver a revisar algunos elementos que están contenido es la perspectiva de completud que indicamos antes:

> Completud tiene que ver también con la integridad del pensamiento y la acción humanas. Santiago señala que la verdadera religión debe incluir acciones correctas, así que lo que se vive en el corazón y la mente se muestra en manos y pies también. Santiago describiría cualquier distinción entre "fe" y "obras" como un sinsentido, porque la verdadera justicia significa una completud del creer y la conducta (2.17-26). En esta misma vena, Pablo llama a la completud de conversión cuando exhorta a la iglesia a "vivir una vida valiosa acorde con su llamado" (1Tes 2.12). Contrariamente, existe el horror de la hipocresía, el pecado mismo del vivir dividido, mediante lo que uno hace con manos y pies, como conducta externa, está divorciado de la interioridad del corazón (Mt 6.1-18; 23.13, 23-30). (Neyrey, Wholeness, 1998, págs. 205-206)

Efectivamente la completud es un tema central en Santiago y se puede traducir por integridad que sería un término más contextual a nuestra cultura. El concepto de completud está imbricado con temas relativos a la pureza, perfección y demás en Lv 19 cuyo verso 18 es citado en Santiago 2.8. El trasfondo de Lv 19 en Santiago va más allá de la cita en 2.8 en donde "amarás a tu prójimo" se considera la ley regia (Johnson, 1982). También Lv 19.13: "No oprimirás a tu prójimo ni le robarás. No retendrás el salario del jornalero en tu casa hasta la mañana siguiente."; que tiene una referencia en St 5.4; y Lv 19.15: "No cometerás injusticia en los juicios, ni favoreciendo al pobre ni complaciendo al grande: con justicia juzgarás a tu prójimo", que es evidente en Santiago 2.1, 4.

Dentro de dicho marco se encuentra un tema que relaciona ambos textos: el tema de la lengua y lo concerniente a las rivalidades que provienen de la sabiduría terrenal (St 3.13-18) y tiene un eco en Lv 19.16. Así que junto al eje antropológico pureza/impureza hay que ubicar el eje del chisme como detonante del escrito, en este caso es el capítulo 3 de Santiago en donde este eje se manifiesta con claridad. El concepto de blasfemia en 2.7 pertenece al campo semántico del chisme como dinámica social propia de las culturas colectivistas y que es un medio para realizar las luchas por defender o adquirir honor (Mena, 2009). La fidelidad a la ley completa asegura, para Elliot, la integridad personal, la armonía social y la unión con el Dios Santo (Elliot J. H., 2008, pág. 117). El chisme, en tanto hablar mal del otro, sería una de las amenazas que obedecen a la concupiscencia y la dualidad y que afectan el marco de la completud que es propia de una persona íntegra, esto apoya definitivamente la interacción de Santiago, Lv 19 y los textos sapienciales (Por ejemplo: Pr 12-13; 20 (20.7: "El justo camina en la integridad ¡Dichosos sus hijos después de él!", también 20.9); Si 5.2, 3, 9, 10, 11, 13; 6.1).

La tensión entre ricos y pobres puede comprenderse dentro de la tensión completud y división, esta, a su vez, en el marco de la sabiduría (Ver Pr 14, especialmente 14.31: "Quien oprime al débil-pobre, ultraja a su Hacedor; mas el que se apiada del pobre, le da gloria"). La traducción del griego (LXX) sería en su segundo hemistiquio: "mas el que (lo = a su hacedor) honra, hace misericordia al pobre". Proverbios apunta a la relación entre el pobre y Dios (así también Dt 15.1-11, especialmente v.9 hacia el final indica: "él (el pobre) apelaría a Yahveh contra ti y te cargarías con un pecado": LXX: "será en ti un gran pecado", para

---

Lo pasado ha huido, lo que esperas está ausente, pero el presente es tuyo.

Proverbio árabe

el equivalente hebreo *ht´* véase: Lv 19.17, 22). El pecado en Dt no se ve como un acto específico en el camino de la persona sino que consiste en la forma que toma el camino de la vida de esa persona: recto-justo, o errado (sentido de *ht´* en el hebreo), la acción pecaminosa implica a la totalidad del ser humano que se aparta del camino de justicia, este es el sentido de la Ley y de los mandamientos: "Cierto que no debería haber ningún pobre junto a ti, porque Yahveh te otorgará su bendición en la tierra que Yahveh tu Dios te da en herencia para que la poseas, pero sólo si escuchas de verdad la voz de Yahveh tu Dios cuidando de poner en práctica todos estos mandamientos que yo te prescribo hoy." (Dt 15.4-5). La completud implica el abrazar con el corazón los mandamientos y en ellos construir una manera de relacionarse justamente, por lo menos, con el prójimo.

Tomando la completud como clave de lectura de Santiago y con la ayuda de Lv 19 surge una propuesta que es consistente y que por otro lado ubica el texto dentro de un ambiente cultural concreto. El hablar no solo hace referencia a la forma como en las culturas colectivistas se establecen las relaciones de alianzas, sino en cómo redistribuir la confianza en el otro o la desconfianza, cómo promover el honor ajeno o destruirlo, en fin, cómo construir una comunidad y establecer de la forma más efectiva la posición de cada persona dentro de ella con miras a potenciar o reducir las interacciones sociales. Dicho de otro modo, Santiago lidia con el problema del honor como mediación del poder dentro de la comunidad. Así, quien "deshonra al pobre" y da el buen lugar al rico muestra su doble corazón y por ende, establece dentro de la comunidad la estructura de valores que son propios del mundo apartándose de Dios.

> Si te caes siete veces, levántate ocho.
>
> Proverbio chino

Preguntas para la reflexión

1. ¿Cómo definiría usted el concepto de Sabiduría?

2. ¿Por qué este concepto es importante para el estudio de Santiago?

3. Redefina el concepto de "completud"

Contexto Cultural de Santiago

Es necesario, para comprender el tejido social que produce el tejido literario de Santiago, entender su contexto cultural. Esto es el cómo una sociedad se organiza de manera tal que se produce un consenso, un acuerdo sobre cómo llevar adelante las cosas cotidianas, en especial la sobrevivencia. Debe quedar claro que cuando indico consenso no me refiero a un acuerdo justo y equitativo, sino a un acuerdo que, aunque hoy pueda considerarse injusto, permite una dinámica de interacción capaz de mantener un ritmo de sobrevivencia. Para este efecto, cada cultura, de un modo u otro, debe establecer un orden en las cosas. La descripción de algunos aspectos de ese orden es lo que propondré a continuación.

Para efectos prácticos será mejor ir al texto de Santiago para hacer el bosquejo que propongo. En el caso de St 2.1ss se llama la atención a un grupo denominado "hermanos míos" para que no vivan la fe haciendo acepción de personas. Posteriormente se construye una imagen en donde aparecen tres personajes: uno, el hombre que viste anillo en el dedo y un vestido radiante; otro, un hombre con un vestido harapiento y sucio; un tercero es este "hermanos míos", el cual se tipifica por su hacer: Si entra en la asamblea un hombre… y ustedes… ponen especial atención en el que lleva el vestido radiante y le dicen "siéntate en el buen lugar" y al pobre le dicen "tu quédate de pie o siéntate a mis pies".

Hoy podríamos decir que se trata de una exclusión injustificada. No obstante, en el siglo primero no lo era, era una práctica común. Lo que este grupo ("Hermanos míos") hace es seguir los principios de su mundo: alabar al rico, despreciar al pobre. La forma de expresar estas acciones en Santiago es mucho más compleja y solo parece simple ante quienes vivimos en espacios en donde los conceptos de equidad y respeto al otro, sea cual sea su posición social o género, son legítimos. Santiago deja manifiesta la conducta de un grupo que tiene la función, en la reunión, de organizar y colocar a cada persona en su lugar. Este acto supone un reconocimiento del honor de cada persona o familia que participa. Según Stegemann y Stegemann se puede ubicar a las figuras de Santiago entre los dos extremos de la estructura social que prácticamente no ofrecía medios de movilidad socia (Stegemann, E. W.; Stegemann, W., 2001, págs. 116, 129-130, 136). Dado que "alcanzar el linaje de las familias acomodadas sólo era posible por nacimiento (o, de modo más raro, por adopción)" (Stegemann, E. W.; Stegemann, W., 2001, pág. 137) una persona moría tal y como nacía sin que en el transcurso de su vida tuviese la oportunidad de superar su posición inicial. Esta es la regla la cual tuvo sus excepciones.

Meeks deja claro cómo se vivía esta diferenciación en la vida cotidiana:

> Si una persona como Gayo, que tenía abierta su casa a toda la *ekklésia* de cristianos de Corinto, se comportara en la forma del rico patrono de una sociedad privada y de una sociedad cultual pagana no extrañaría demasiado. Si hiciera distinciones en las comidas de la comunidad cristiana ofrecidas en su comedor, en cuanto a los manjares servidos a los de su propio nivel social y a los de nivel más bajo, tampoco se saldría de los usos sociales, aunque algunos, incluso en la sociedad pagana, reprobaban esa práctica… (Meeks, 1988, pág. 122)

El modelo de relaciones sociales subyacente es el del patronazgo. La inequidad es la clave para comprender este modelo. El patronazgo es la relación que se establece entre un patrón, persona de rango social superior y un cliente, persona de un rango social inferior (Elliot J. , 1996, pág. 144). Este tipo de relación es totalmente asimétrico pero granjea ventajas para ambos. La lealtad es un elemento fundamental para su funcionamiento. El patrón usa su poder o su influencia para proteger y asistir a otra persona que no puede hacerle frente a una situación por sí misma y esta se transforma en cliente quien permanece bajo el poder del patrón o de la familia de este durante toda su vida. El patrón aporta comida, protección física, promoción de la persona y su familia a mejores puestos, el cliente restituye al patrón al engrandecer su prestigio, reputación y honor en lo privado y lo público, dando a conocer su generosidad y virtud, así como exponiendo públicamente sus buenas acciones. Uno de los servicios más significativos es suplir información sobre otros (Elliot J. , 1996, págs. 148-149). Resume Elliot:

> En esta relación de reciprocidad un elemento de solidaridad une el honor personal y las obligaciones y es mostrado a través de valores como amistad, lealtad y fidelidad. Una combinación paradójica de elementos de inequidad en el poder con expresiones de solidaridad mutua en términos de sentimientos interpersonales y obligaciones hace de la relación una inestable. Relaciones voluntarias y obligaciones mutuas son frecuentemente una inadecuada protección contra la posible coerción y la explotación. (Elliot J. , 1996, pág. 149)

Los favores constituyen un elemento central en este tipo de relaciones y, en consecuencia, la necesidad producida por la imposibilidad de obtener algo que uno realmente ocupa se transforma en un medio para quedar bajo el poder de otro que tiene las condiciones para satisfacer tal necesidad. Palabras como beneficio, don, gracia y recompensa pertenecen al campo social que expresa este tipo de relaciones (Malina B. , 2002, pág. 185)

La intermediación de clientes de cierto prestigio y cercanía con el patrón es clave para obtener los favores requeridos. Estos intermediarios cumplen una función clave en la intrincada pirámide del poder en el Mediterráneo del siglo primero (Moxnes, 1991, pág. 241s). Un ejemplo de este juego de poder y de las relaciones indirectas que se producen es Lucas 7.2-10: un centurión tiene un siervo gravemente enfermo, cuando escucha sobre Jesús, envía a los ancianos de los de Judea para que le pidan a Jesús que sane a su siervo. Este tipo de acción expresa la relación patrón-cliente y establece las dimensiones del poder en una situación concreta. De un modo claro en Santiago 2.1ss, el "hermanos míos" juega este papel que permite mostrar el honor de los ricos frente a la deshonra de los pobres (St 2.6).

La palabra patrón deriva del griego y del latín "Padre" y es necesario indicar que cuando en el Segundo Testamento se utiliza esta palabra referida a Dios, se asume su contexto cultural: Dios es el Patrón de la nueva comunidad. Esto tiene sus implicaciones en Santiago ya que al "deshonrar" al pobre se deshonra al Patrón que constituye el sustento de la nueva familia. Los "hermanos míos" en su hacer desconocen o, peor aún, arrebatan el honor de su Patrón, Dios, al deshonrar a quienes han sido elegidos por él (St 2.6).

Es necesario subrayar que la riqueza en este contexto no es el dinero, sino el honor adscrito, el honor con el cual uno nace gracias al linaje que le antecede a uno. Uno tiene el honor de su familia, mucho o poco. Las familias más honorables tienen tierras que es el bien concreto que establece la diferenciación económica de la época.

Dentro de este contexto, habrá que acentuar el hecho de que en las sociedades del Mediterráneo del siglo primero los bienes, todos ellos, inclusive el honor, son limitados. El mejor ejemplo es el de un pastel, este no crece y al repartirlo, el darle más pastel a uno significa restárselo a otro. Así que si alguno aumenta sus bienes implica que a otros le son restados como es el caso de la frase en el evangelio de Juan: "Es necesario que él crezca y que yo disminuya" (Jn 3.30). No pueden crecer ambos. Si uno crece, inevitablemente, el otro disminuye. El concepto de bienes limitados está contrapuesto a las sociedades de consumo y de producción masiva. Así que, al no haber bienes suficientes para todos quien acumula es un ladrón. Puede acumular porque se lo ha arrebatado a otro. Este caso se muestra claramente en St 4.13-5.6. La respuesta social ante quien acumula es la envidia ya que el éxito de otro es nuestra pérdida (Neyrey, 2005, págs. 37-39). Es una cuestión personal.

En consecuencia, preservar el honor de uno es una cuestión vital y eso genera una serie de acciones de competencia. Se compite por el honor. El honor es el valor que uno se da a sí mismo y al mismo tiempo, el valor que le es reconocido a uno por la comunidad. Es una cuestión de la vida pública, del reconocimiento que uno tiene ante los demás (Neyrey, 2005, pág. 32).

El honor puede ser adscrito o adquirido. En el primer caso se trata sobre todo del honor que se le adjudica al individuo por su familia o por el Estado. Uno nace con honor, el cual proviene en especial de la nobleza de la familia. Aunque también entre las familias del pueblo existe una situación similar. "El honor adscrito de un niño o una niña está en relación con la posición de su familia en el pueblo, su género y su orden de nacimiento. El honor adscrito, además, puede llegar también de las instituciones políticas de la sociedad antigua. Pilato fue nombrado por César al igual que los reyes y los líderes designaban a otros como embajadores o legados." (Neyrey, 2005, pág. 34)

Por otro lado existe el honor adquirido que tiene que ver con la fama y la reputación que una persona gana por sus méritos. Por ejemplo, al hacer una hazaña militar o ganar en los juegos, o ser un excelente orador, o destacarse en un arte o artesanía. Este tipo de acción corresponde más bien a los sectores no nobles de la sociedad y el honor era dado por las élites (Neyrey, 2005, pág. 34)

Para una persona que no pertenecía a las élites como un maestro o rabino, su sabiduría podía granjearle una mejor posición social que le permitía ser cliente de algún patrón interesado. En este caso si un maestro resultaba particularmente sabio, un patrón, al asumirlo como cliente le daría las condiciones para que siguiera dedicado al cultivo de sus estudios y reflexiones y este maestro estaría obligado a decir bien de su patrón.

Todo este quehacer social implica que las personas dependen de la cantidad de honor que les ha sido adscrito desde su nacimiento o que han adquirido merced a sus capacidades y el reconocimiento de las élites o de un patrón. Por lo tanto, la competencia es un modo normal de ser en este contexto y uno debe tratar de no perjudicar su fama o reputación para que sus posibilidades de sostenibilidad continúen.

La idea que subyace a Santiago, pero también en Pablo y en general en el Segundo Testamento es que es Dios quien confiere el honor al haber adoptado a las personas en una nueva comunidad. A esto le llamo honor conferido y lo hago para destacar dos cosas: la primera que los miembros y miembras de las comunidades del movimiento de Jesús no eran en ningún modo gente de élite y en consecuencia, eran sumamente vulnerables; la segunda es que al ser Dios, el Dios de la Casa de Israel, quien les ha adoptado, siendo este un Dios de un grupo periférico, no es evidente el honor que este tiene y que les ha otorgado a sus nuevos hijos.

Un último elemento es el chisme que juega un papel central en la vida de estas comunidades. Dedicaré distintos momentos a reflexionar sobre este tema en los capítulos siguientes.

Preguntas para la reflexión

1. Explique en qué consiste el honor, cómo lo definiría.

2. En qué consiste el modelo de patronazgo.

Capítulo 2

La estructura de Santiago

El concepto de estructura es difícil de definir sin terminar volviendo sobre lo obvio: todo texto tiene una forma y esta forma nace en la cultura que le dio origen. La estructura es esa forma y en ella está la organización del discurso o la narración. La estructura de un texto del Segundo Testamento puede dibujarse. En los escritos existe un ritmo de argumentación que puede ser trazado y de ese modo puede, también, mostrar aquello que fue significativo para su autor. Para hoy, lo propio es el argumento lineal que prepara para una conclusión. Dentro de la literatura del ST el argumento es más bien cíclico, recupera lo antes dicho y lo redimensiona, avanza pero también retrocede. Es necesario educar el "gusto" de la lectura de la Biblia para sentir esta dinámica. En sí misma comunica la distancia cultural que existe entre el texto y nosotros hoy.

Como dije la estructura se dibuja. Es como el esqueleto humano en el cual se amaran músculos y órganos para darles unidad y consistencia. Esta consistencia le da dinámica, es fluida y permite un alto grado de interacción entre las palabras, frases e ideas.

Estructura y patrón

El primer patrón que conocí fue el que se usa para hacer ropa. Vendían en tiendas especiales papeles con dibujos que servían para marcar la tela y cortarla. Estos patrones eran útiles porque le ayudaban a uno a cortar exactamente las piezas que necesitaba, en la forma correcta, y del tamaño adecuado. Luego lo que quedaba era coser las partes y listo: una camisa.

En el caso de un texto del Nuevo Testamento, patrón se refiere a cómo se organizan los elementos de ese texto. La organización está más o menos predeterminada por formas propias del hablar del siglo primero. Estas formas podrían resumirse en tres: inclusión, paralelismo y quiasmo.

Estructura: Definiciones

La **estructura** (del latín *structūra*) es la disposición y orden de las partes dentro de un todo. También puede entenderse como un sistema de conceptos coherentes enlazados, cuyo objetivo es precisar la esencia del objeto de estudio. Tanto la realidad como el lenguaje tienen estructura. Uno de los objetivos de la semántica y de la ciencia consiste en que la estructura del lenguaje refleje fielmente la estructura de la realidad.
http://es.wikipedia.org/wiki/Estructura

Estructura es la dinámica sobre la que interactúan los elementos de un texto en su conjunto. Usualmente, algunos de esos elementos son subrayados por las personas autoras para que sirvan como guías de su percepción de las cosas que se dicen. Desde el punto de vista del análisis retórico, la estructura la forma que los elementos de un texto constituyen su ritmo y por lo tanto puede usarse como sinónimo de patrón. Se pueden dibujar de manera tal que se observan esas dinámicas en las repeticiones de palabras, frases o sonidos.

Francisco Mena O.

En mi experiencia, la lectura de un texto bíblico inicia por la traducción. Pero sí no tenemos las herramientas para realizar una traducción del griego, entonces, lo adecuado es buscar varias versiones de la Biblia. Se puede iniciar con la Biblia de Jerusalén y luego contrastarla con la Biblia Reina Valera de la cual existen varias versiones (1960, 1995). Estas dos versiones hacen un uso razonable de la disposición del orden de la sintaxis griega. Tal orden es importante porque ayuda a identificar el ritmo del texto.

Entonces, una vez establecida la traducción con que trabajaremos, se buscan palabras o ideas que se repitan. Luego, se valora si esas repeticiones recogen temas importantes de modo que sirvan de comparación entre distintas partes de una misma sección del texto. Recuerden que el trabajo exegético es una tarea de paciencia y que como tal, prueba de muchas maneras la capacidad de una persona de leer una y otra vez un texto para encontrar ecos de un tema en distintos lugares. Trataré de mostrar cómo se identifica una estructura a partir de una traducción en español.

Una vez establecida la estructura, uno tiene la capacidad de releer el texto de nuevo e iniciar el proceso de interpretación. Esto requerirá, sobre todo, dos cosas: a. una concordancia del Primer Testamento y del Segundo Testamento que permite rastrear la forma como una palabra o frase ha sido usada a través del tiempo y en los textos próximos al que uno estudia, en este sentido, la Biblia de Jerusalén resulta de mucha ayuda porque la selección de referencias bíblicas que aporta es de mucha calidad, así como lo son las notas al pie de página, ofrece más ayuda que la versión Reina Valera; b. material adicional que le ayude a uno a comprender aspectos de historia, sociedad y cultura antigua, así como el rastreo de artículos o libros que le puedan ser de utilidad para ir aclarando el proceso de lectura que se realiza.

la estructura de Santiago 1 desde una traducción en español

Veamos cómo se puede organizar la estructura del capítulo 1 de Santiago. Se debe tomar en cuenta que trabajaremos sobre una traducción, en este caso la Biblia de Jerusalén en su edición de 1976, y no con el original griego. Eso implica que no podremos ver las relaciones entre palabras o frases desde el punto de vista del griego sino de las opciones de traducción de una persona experta. **Como ya dije una de las claves es observar las palabras o frases que se repiten**. Uno realiza un inventario de las palabras que se repiten omitiendo los artículos, fuera de estos, pronombres, preposiciones, verbos, sustantivos y adjetivos se pueden considerar como importantes. Entonces, primero tenemos el texto como un trozo tal y como aparece seguidamente:

1 Santiago, siervo de Dios y del Señor Jesucristo, saluda a las doce tribus de la Dispersión. 2 Considerad como un gran gozo, hermanos míos, el estar rodeados por toda clase de pruebas, 3 sabiendo que la calidad probada de vuestra fe produce la paciencia en el sufrimiento; 4 pero la paciencia ha de ir acompañada de obras perfectas para que seáis perfectos e íntegros sin que dejéis nada que desear. 5 Si alguno de vosotros está a falta de sabiduría, que la pida a Dios, que da a todos generosamente y sin echarlo en cara, y se la dará. 6 Pero que la pida con fe, sin vacilar; porque el que vacila es semejante al oleaje del mar, movido por el viento y llevado de una a otra parte. 7 Que no piense recibir cosa alguna del Señor un hombre como éste, 8 un hombre irresoluto e inconstante en todos sus caminos. 9 El hermano de condición humilde gloríese en su exaltación; 10 y el rico, en su humillación, porque pasará como flor de hierba: 11 sale el sol con fuerza y seca la hierba y su flor cae y se pierde su hermosa apariencia; así también el rico se marchitará en sus caminos. 12 ¡Feliz el hombre que soporta la prueba! Superada la prueba, recibirá la corona de la vida que ha prometido el Señor a los que le aman.

Inclusión:

Procedimiento literario que consiste en encerrar una unidad literaria entre dos palabras o frases iguales o equivalentes. (Flor, 2000) Por ejemplo: Mt 6.19-21: "no atesoréis tesoros" al inicio y "porque donde esté tu tesoro..." al final; Mt 19.30-20.16: "Pero muchos primeros serán últimos, y los últimos, primeros.", al inicio de la sección; en 20.8 "comenzando por los últimos hasta los primeros", en medio; y 20.16: "Así, los primeros serán últimos y los últimos, primeros, porque muchos son llamados, pero pocos escogidos", al final. Lo que se repite es la tensión últimos-primeros en cada verso. Entre ellos, al inicio y al medio, está el relato del Señor que sale a contratar obreros; y al medio y al final, el proceso de pago por el trabajo realizado.

Paralelismo:

Este es un recurso muy usado en la poesía del Primer Testamento y se trata de hacer una afirmación seguida de otra que es similar u opuesta a la primera.

Por ejemplo en el Salmo 34.15:

A. Los ojos de Jehová están sobre los justos,

B. atentos sus oídos al clamor de ellos.

La afirmación inicial es la línea que he marcado con A. La línea B dice algo parecido que complementa lo dicho en A.

13 Ninguno, cuando sea probado, diga: «Es Dios quien me prueba»; porque Dios ni es probado por el mal ni prueba a nadie. 14 Sino que cada uno es probado por su propia concupiscencia que le arrastra y le seduce. 15 Después la concupiscencia, cuando ha concebido, da a luz el pecado; y el pecado, una vez consumado, engendra la muerte. 16 No os engañéis, hermanos míos queridos: 17 toda dádiva buena y todo don perfecto viene de lo alto, desciende del Padre de las luces, en quien no hay cambio ni sombra de rotación. 18 Nos engendró por su propia voluntad, con Palabra de verdad, para que fuésemos como las primicias de sus criaturas. 19 Tenedlo presente, hermanos míos queridos: Que cada uno sea diligente para escuchar y tardo para hablar, tardo para la ira. 20 Porque la ira del hombre no obra la justicia de Dios. 21 Por eso, desechad toda inmundicia y abundancia de mal y recibid con docilidad la Palabra sembrada en vosotros, que es capaz de salvar vuestras almas. 22 Poned por obra la Palabra y no os contentéis sólo con oírla, engañándoos a vosotros mismos. 23 Porque si alguno se contenta con oír la Palabra sin ponerla por obra, ése se parece al que contempla su imagen en un espejo: 24 se contempla, pero, en yéndose, se olvida de cómo es. 25 En cambio el que considera atentamente la Ley perfecta de la libertad y se mantiene firme, no como oyente olvidadizo sino como cumplidor de ella, ése, practicándola, será feliz. 26 Si alguno se cree religioso, pero no pone freno a su lengua, sino que engaña a su propio corazón, su religión es vana. 27 La religión pura e intachable ante Dios Padre es ésta: visitar a los huérfanos y a las viudas en su tribulación y conservarse incontaminado del mundo.

Visto el texto en un bloque como el anterior es difícil entender el procedimiento de lectura crítica y en particular el método que propongo aquí. Para eso, uno debe volver a escribir el texto en una hoja aparte pero esta vez no en un bloque sino separándolo en las oraciones que lo componen. Entiendo que una oración o frase está organizada a través de un verbo y esto es lo que haré a continuación: **identificar las oraciones o frases y reescribir el texto de manera que cada una de ellas se pueda ver separadamente**. Al usar una traducción los verbos no coincidirán con otras traducciones o con versiones de traducción libre. Siempre es bueno, si uno trabaja con una traducción, consultar varias y observar cómo han usado los verbos y en general, cómo han construido una frase. En la organización siguiente subrayo diversas formas verbales en cada línea, cada línea es equivalente a una oración.

*1 Santiago, siervo de Dios y del Señor Jesucristo,
<u>saluda</u> a las doce tribus de la Dispersión.
2 <u>Considerad</u> como un gran gozo, hermanos míos,
el <u>estar rodeados</u> por toda clase de pruebas,
3 <u>sabiendo</u> que la calidad probada de vuestra fe
<u>produce</u> la paciencia en el sufrimiento;
4 pero la paciencia <u>ha de ir acompañada</u> de obras perfectas
para que <u>seáis</u> perfectos e íntegros
sin que <u>dejéis</u> nada que <u>desear</u>.
5 Si alguno de vosotros <u>está</u> a falta de sabiduría,
que la <u>pida</u> a Dios,
que <u>da</u> a todos generosamente
y sin <u>echarlo en cara</u>,
y se la <u>dará</u>.
6 Pero que la <u>pida</u> con fe,
sin <u>vacilar</u>;*

porque el que <u>vacila</u> es semejante al oleaje del mar,
<u>movido</u> por el viento
y <u>llevado</u> de una a otra parte.
7 Que <u>no piense recibir</u> cosa alguna del Señor un hombre como éste,
8 un hombre irresoluto e inconstante en todos sus caminos.
9 El hermano de condición humilde <u>gloríese</u> en su exaltación;
10 y el rico, en su humillación,
porque <u>pasará</u> como flor de hierba:
11 <u>sale</u> el sol con fuerza
y <u>seca</u> la hierba
y su flor <u>cae</u>
y <u>se pierde</u> su hermosa apariencia;
así también el rico <u>se marchitará</u> en sus caminos.
12 ¡Feliz el hombre que <u>soporta</u> la prueba!
<u>Superada</u> la prueba,
<u>recibirá</u> la corona de la vida que <u>ha prometido</u> el Señor a los que le <u>aman</u>.
13 Ninguno, cuando <u>sea probado</u>, <u>diga</u>:
«Es Dios quien me <u>prueba</u>»;
porque Dios ni <u>es probado</u> por el mal
ni <u>prueba</u> a nadie.
14 Sino que cada uno <u>es probado</u> por su propia concupiscencia
que le <u>arrastra</u>
y le <u>seduce</u>.
15 Después la concupiscencia, cuando <u>ha concebido</u>,
<u>da</u> a luz el pecado;
y el pecado, una vez <u>consumado</u>,
<u>engendra</u> la muerte.
16 <u>No os engañéis</u>, hermanos míos queridos:
17 toda dádiva buena y todo don perfecto <u>viene</u> de lo alto,
<u>desciende</u> del Padre de las luces,
en quien <u>no hay</u> cambio ni sombra de rotación.
18 Nos <u>engendró</u> por su propia voluntad, con Palabra de verdad,
para que <u>fuésemos</u> como las primicias de sus criaturas.
19 <u>Tenedlo presente</u>, hermanos míos queridos:
Que cada uno <u>sea</u> diligente para escuchar
y tardo para <u>hablar</u>,
tardo para la ira.
20 Porque la ira del hombre <u>no obra</u> la justicia de Dios.
21 Por eso, <u>desechad</u> toda inmundicia y abundancia de mal
y <u>recibid</u> con docilidad la Palabra <u>sembrada</u> en vosotros,
que <u>es</u> capaz de <u>salvar</u> vuestras almas.
22 <u>Poned</u> por obra la Palabra
y no os <u>contentéis</u> sólo con <u>oírla</u>,
<u>engañándoos</u> a vosotros mismos.
23 Porque si alguno se <u>contenta</u> con <u>oír</u> la Palabra
sin <u>ponerla</u> por obra,
ése se <u>parece</u> al que <u>contempla</u> su imagen en un espejo:
24 se <u>contempla</u>,
pero, en <u>yéndose</u>,
se <u>olvida</u> de cómo <u>es</u>.

*25 En cambio el que <u>considera</u> atentamente la Ley perfecta de la libertad
y se <u>mantiene</u> firme,
no como <u>oyente olvidadizo</u> sino como <u>cumplidor</u> de ella,
ése, <u>practicándola</u>, <u>será</u> feliz.
26 Si alguno <u>se cree</u> religioso,
pero <u>no pone</u> freno a su lengua,
sino que <u>engaña</u> a su propio corazón,
su religión <u>es</u> vana.
27 La religión pura e intachable ante Dios Padre <u>es</u> ésta:
<u>visitar</u> a los huérfanos y a las viudas en su tribulación
y <u>conservarse</u> incontaminado del mundo.*

Luego de copiar el texto de la forma que lo he hecho anteriormente, uno ha logrado hacer una lectura más cuidadosa y ha observado una serie de términos, palabras, ideas que se repiten. Esta repetición es la clave para entender los acentos y el ritmo que un autor ha puesto en su escrito. Siempre es útil e importante buscar una concordancia que incorpore las raíces griegas de las palabras para ayudarnos a ver más allá de la traducción que estamos usando. Pero dado que es difícil tener acceso a este tipo de instrumento baste con fijarse muy bien en cómo el autor de Santiago, dice lo que dice.

1 Santiago, siervo de **Dios** *y del Señor Jesucristo,* *saluda a las doce tribus de la Dispersión.*	**Dios**
2 Considerad como un gran gozo, **hermanos míos**, *el estar rodeados por toda clase de* **pruebas**, *3 sabiendo que la calidad probada de vuestra* **fe** *produce la* **paciencia** *en el sufrimiento;* *4 pero la* **paciencia** *ha de ir acompañada de obras* **perfectas** *para que seáis* **perfectos** *e íntegros* *sin que dejéis nada que desear.*	**hermanos míos** **pruebas** **fe** **paciencia/perfectas** **perfectos**
5 Si alguno de vosotros está a falta de sabiduría, que la pida a **Dios**, *que* **da** *a todos generosamente* *y sin echarlo en cara,* *y se la* **dará**. *6 Pero que la* **pida** *con* **fe**, *sin vacilar;* *porque el que vacila es semejante al oleaje del mar,* *movido por el viento* *y llevado de una a otra parte.* *7 Que no piense* **recibir** *cosa alguna del* **Señor** *un hombre como éste,* *8 un hombre irresoluto e inconstante en todos sus caminos.* *9 El hermano de condición humilde gloríese en su exaltación;*	**Dios** **da** **dará** **fe** **recibir/Señor**

*10 y **el rico**, en su humillación,*	el rico
*porque pasará como flor de **hierba**:*	hierba
11 sale el sol con fuerza	
*y seca la **hierba***	hierba
y su flor cae	
y se pierde su hermosa apariencia;	
*así también **el rico** se marchitará en sus caminos.*	el rico
*12 ¡**Feliz** el hombre que soporta la **prueba**!*	feliz/prueba
*Superada la **prueba**,*	prueba
***recibirá** la corona de la vida que ha prometido el **Señor** a los que le aman.*	Señor/recibirá
*13 Ninguno, cuando **sea probado**, diga:*	sea probado
*«Es **Dios** quien me **prueba**»;*	Dios/prueba
*porque **Dios** ni **es probado** por el mal*	Dios/es probado
*ni **prueba** a nadie.*	prueba
*14 Sino que cada uno **es probado** por su propia **concupiscencia***	es probado/concupiscencia
que le arrastra	
y le seduce.	
*15 Después la **concupiscencia**, cuando ha concebido,*	Concupiscencia
*da a luz el **pecado**;*	pecado
*y el **pecado**, una vez consumado,*	pecado
***engendra** la muerte.*	
*16 **No os engañéis**, **hermanos míos** queridos:*	engañéis/hermanos míos
*17 toda dádiva buena y todo don **perfecto** viene de lo alto,*	perfecto
*desciende del **Padre de las luces**,*	Padre de las luces
en quien no hay cambio ni sombra de rotación.	
*18 Nos **engendró** por su propia voluntad, con **Palabra** de verdad,*	engendró/Palabra
para que fuésemos como las primicias de sus criaturas.	
*19 Tenedlo presente, **hermanos míos** queridos:*	Hermanos míos
*Que cada uno sea diligente para **escuchar***	escuchar
*y **tardo** para hablar,*	tardo
***tardo** para la ira.*	tardo
*20 Porque la ira del hombre no **obra** la justicia de **Dios**.*	Obra/Dios
21 Por eso, desechad toda inmundicia y abundancia de mal	
*y **recibid** con docilidad la **Palabra** sembrada en vosotros,*	recibid/Palabra
que es capaz de salvar vuestras almas.	
*22 Poned por **obra** la **Palabra***	obra/Palabra
*y no os contentéis sólo con **oírla**,*	oirla
***engañándoos** a vosotros mismos.*	engañándoos
*23 Porque si alguno se contenta con **oír** la **Palabra***	Palabra
*sin ponerla por **obra**,*	obra
*ése se parece al que **contempla** su imagen en un espejo:*	contempla
*24 se **contempla**,*	contempla

pero, en yéndose,
se olvida de cómo es.
25 En cambio el que considera atentamente la Ley perfecta de la libertad
y se mantiene firme,
*no como **oyente** olvidadizo sino como cumplidor de ella,* **oyente**
*ése, practicándola, será **feliz**.* **feliz**

26 Si alguno se cree religioso,
pero no pone freno a su lengua,
*sino que **engaña** a su propio corazón,* **engaña**
su religión es vana.
*27 La religión pura e intachable ante **Dios Padre** es ésta:* **Dios Padre**
visitar a los huérfanos y a las viudas en su tribulación
y conservarse incontaminado del mundo.

Un paso que he incluido es la separación de las oraciones en párrafos que son unidades de sentido mayores en donde se pueden observar cambios de temas y una organización más compleja de lo escrito.

Los párrafos son los siguientes: verso 1, que es el saludo; versos 2-4 en donde los versos giran en torno a la prueba; versos 5-8 aquí el eje es la consistencia de la fe; versos 9-11: humillación del rico, exaltación del pobre; versos 12-15: prueba y ser probado constituyen el eje; versos 16-18: lo bueno viene del Padre de las luces quien nos engendró con sus palabra; versos 19-25: hacer la Palabra; versos 26-27: la religión pura. Esto es solo una guía muy breve y superficial de la dinámica del pasaje, sin embargo, nos ayuda a visualizar las relaciones que están tejidas en este.

La frase "hermanos míos" aparece en los versos 2, 16, 19 y puede considerarse un marcador importante en el entramado del texto. También lo concerniente a las pruebas y al ser probado: 2, 12, 13, 14. Hay un conjunto de términos que se refieren a Dios incluyendo la palabra "Dios": 1, 5, 7, 12, 13 (2 veces), 17, 20, 27. Hay varios otros términos que juegan un papel importante como "Palabra", "recibir", "escuchar/oír". El problema es identificar un tejido que articule todo el conjunto.

Dado que los términos que se refieren a Dios son tan abundantes podemos intentar identificarlos como marcadores clave para construir una estructura. Veamos los versos en concreto:

- *1 Santiago, siervo de **Dios** y del **Señor** Jesucristo, saluda a las doce tribus de la Dispersión.*
- *5 Si alguno de vosotros está a falta de sabiduría, que la pida a **Dios**, que **da** a todos generosamente y sin echarlo en cara, y se la **dará**.*
- *7 Que no piense **recibir** cosa alguna del **Señor** un hombre como éste,*
- *12 ¡**Feliz** el hombre que soporta la prueba! Superada la prueba, **recibirá** la corona de la vida que ha prometido el **Señor** a los que le aman.*

- *13 Ninguno, cuando **sea probada**, diga: «Es **Dios** quien me **prueba**»; porque **Dios** ni **es probado** por el mal ni **prueba** a nadie.*
- *17 toda dádiva buena y todo don **perfecto** viene de lo alto, desciende del **Padre de las luces**, en quien no hay cambio ni sombra de rotación.*
- *20 Porque la ira del hombre no **obra** la justicia de **Dios**.*
- *27 La religión pura e intachable ante **Dios Padre** es ésta: visitar a los huérfanos y a las viudas en su tribulación y conservarse incontaminado del mundo.*

En principio no parece que exista un patrón claro. Sin embargo, existe un encuentro entre el verso 5 en donde Dios aparece como el que da y el verso 17 "Toda buena dádiva y todo don perfecto desciende de lo alto, del Padre de las luces..." Si comparamos los versos 2-4 con 12-14 también tendremos algún tipo de eco: el tema de la prueba y la discusión sobre la calidad de Dios que no prueba a nadie. Pero el tema de la justicia de Dios no parece hacer eco directo en otra parte del capítulo, aunque se podría relacionar temáticamente con 9-11 en donde "humillar" y "exaltar" designan la condición del rico como aquel que está siempre en peligro de ser marchitado por sus haceres que son injustos (St 4-5.6). En el verso 11 se menciona la "hermosa apariencia de la flor" que representa la manifestación del rico. El sol sale y con su calor seca la flor y la marchita. Apariencia que se retoma en los versos 23-24 en el ejemplo del espejo. Así que la imagen de la flor en su perfección (belleza) es efímera, como efímero es el recuerdo del rostro de quien se ve en el espejo y no logra sostener en su mente la imagen que ha visto. Ambas apariencias que pasan en su contingencia encuentran en la imagen del verso 7: "como las olas del mar que son arrastradas por el viento y echadas de un lado a otro" un modo de ser, que es tipificado en el verso 8 como la persona de doble alma (doble corazón).

Las dimensiones de dualidad e inestabilidad de quienes no logran asirse a la solidez de la completud, integridad o perfección, se oponen a las dimensiones del Padre de las luces en quien no han mudanza ni sombra de rotación. Por eso, perfección, recupera esas dimensiones de Dios y encamina a quienes escuchan hacia una visión de la fe como algo consistente, como Dios mismo, así lo perfecto expresa la cualidad de Dios, su justicia y sabiduría, mientras el vaivén es la muestra de quien está sujeto a los devenires de su inconstancia. Quien persiste recibe, quien es inconstante, no espere recibir.

Quien es hacedor de la palabra, es decir, de la ley perfecta de la libertad, quien la mira con detenimiento y persevera en ella, este será bienaventurado en todo cuanto haga. Su hacer emula el hacer de Dios. Esta actitud unívoca, consistente, sólida apunta a una forma de conocer las cosas y el mundo en la sabiduría. Ante las pruebas, quien tenga falta de sabiduría, que la pida a Dios, él es el que da generosamente. Si la prueba forma a la persona en la perfección/integridad quien valore las pruebas como alegría, porque sabe su significado, quien contemple y reflexione sobre la ley perfecta de la libertad cultivará la sabiduría. Así que el saber expresado en los versos 2, 3, o mira atentamente, no olvidando (v. 25) y su contrario en 23-24 (considera, se olvida) conforman los espacios de quien cultiva la sabiduría y quien carece de ella.

En este punto, podemos probar un patrón que organice todo el capítulo 1. Los puntos clave serán: las menciones de la palabra Dios, así como Padre y Señor que pertenecen al mismo grupo de términos para referirse a la divinidad, la palabra perfecto/a, el verbo "dar" y los términos "gozo" y "feliz". Se hace necesario, a pesar de la traducción recurrir al griego pues la traducción omite cuestiones fundamentales. Especialmente las menciones de verbos vinculados al saber. En todo caso se puede apreciar un patrón usando básicamente la traducción al español. El patrón sería el siguiente:

A   *siervo de Dios y del Señor Jesucristo*

B   *Considerad como un gran gozo, hermanos míos, el estar rodeados por toda clase de pruebas,*

C   *obras perfectas para que seáis perfectos e íntegros*

D   *Dios da a todos generosamente*

E   *Los caminos de la persona de doble corazón*

            Las empresas de los ricos

F   *¡Feliz el hombre que soporta la prueba!*

              Ninguno, cuando sea probado, diga:

              «Es Dios quien me prueba»;

              porque Dios ni es probado por el mal

              ni prueba a nadie.

E´   *Todo dadiva buena y todo **don perfecto** viene de arriba del Padre de las luces*

D´   *La ira del hombre no realiza la justicia de Dios*

C   *La ley perfecta de la libertad*

B   *Practicándola será feliz*

A   *La religión pura y sin mancha ante Dios y padre es...*

Se puede observar que en D y E se da una inversión con respecto a D´ y E´, el marcador literario con el verbo "dar" en D y en E´ se ordenan de forma opuesta en E y D´

D   **Dios** el que **da** generosamente

E´   Todo dadiva buena y todo **don perfecto** viene de arriba del padre de las luces

E   Los caminos de la persona de doble corazón

       Las empresas de los ricos

D´   La ira del hombre no realiza la justicia de Dios

Esta inversión puede explicarse si consideramos que las empresas de los ricos constituyen la razón de sus jactancias y su orgullo, estas son su orgullo y su la autoexaltación (St 4.1-5.6), constituyen acciones propias de aquellos que se saben portadores de una estirpe, es decir, del honor adscrito. Este concepto se ha invertido también en el verso 10: la jactancia de los ricos es su humillación, al humillarse encontrarán estos la verdadera exaltación. Habrán comprendido que, de su riqueza, no proviene el honor que buscan. Así, el llamado a ser tardos para la ira (v.19) se explica en el verso 20: la cólera del hombre (del rico) no realiza la justicia de Dios. En contraposición en D (v.5) se indica con claridad que Dios da abundantemente y sin echar en cara o sin reprochar, esta segunda palabra expresa la distancia entre el corazón de Dios y el corazón doble de los ricos: estos esperan que sus dadivas sean retribuidas por una vida a su servicio.

El tema de la cólera resulta clave y es necesario buscar las referencias que se hacen a textos del PT. Lo clave depende de identificar la relación entre cólera del ser humano y justicia de Dios. Según la estructura propuesta para el capítulo 1, esta afirmación se relaciona con los caminos de la persona de doble corazón y las empresas de los ricos. ¿Es válida esta relación? ¿Se puede sustentar de algún modo? Lo que haré es seguir el rastro de las referencias a textos del PT, con el propósito de ver cómo las alusiones de Santiago a textos del PT pueden aclarar no solo esta relación entre D´ y E sino, también sobre todo el capítulo. Es recomendable buscar el verso de referencia y leer antes y después para ver cómo ese verso engarza en su contexto literario. En la Biblia de Jerusalén aparece una referencia sobre el ser tardo para hablar en Prov 10.19. Al leer el contexto (el cual aportamos) se puede observar la estrecha relación con el pensamiento de Santiago (subrayo palabras clave):

> **Proverbios 10:1 - 11:15** ¹ Los proverbios de Salomón. El hijo sabio alegra al padre, pero el hijo necio es la tristeza de su madre. ² Los tesoros de maldad no serán de provecho, mas la justicia libra de la muerte. ³ Jehová no dejará que el justo padezca hambre, mas rechazará la codicia de los malvados. ⁴ La mano negligente empobrece, pero la mano de los diligentes enriquece. ⁵ El que recoge en verano es hombre sensato, pero el que duerme en tiempo de siega, avergüenza. ⁶ Hay bendiciones sobre la cabeza del justo, pero **la boca de los malvados oculta violencia**. ⁷ La memoria del justo es bendecida, mas el nombre de los malvados se pudrirá. ⁸ El de corazón sabio recibe los mandamientos, mas el de labios necios va a su ruina. ⁹ **El que camina en integridad anda confiado**, pero el que pervierte sus caminos sufrirá quebranto. ¹⁰ El que guiña el ojo acarrea tristeza; **el de labios necios será derribado**. ¹¹ **Manantial de vida es la boca del justo, pero la boca de los malvados oculta violencia**. ¹² El odio despierta rencillas, pero el amor cubre todas las faltas. ¹³ **En los labios del prudente hay sabiduría**, mas la vara es para las espaldas del insensato. ¹⁴ Los sabios atesoran sabiduría, mas **la boca del necio es una calamidad cercana**. ¹⁵ Las riquezas del rico son su ciudad fortificada; la debilidad de los pobres es su pobreza. ¹⁶ La obra del justo es para vida; el fruto del malvado es para pecado. ¹⁷ Guardar la instrucción es camino que lleva a la vida; el que rechaza la represión, yerra. ¹⁸ **El de labios mentirosos encubre el odio; el que propaga la calumnia es un necio**. ¹⁹ **En las muchas palabras no falta pecado; el que refrena sus labios es prudente**. ²⁰ **Plata pura es la lengua del justo, mas es nada el corazón de los malvados**. ²¹ **Los labios del justo sustentan a muchos, pero los necios mueren por falta de entendimiento**. ²² La bendición de Jehová es la que enriquece, y no añade tristeza con ella. ²³ Cometer maldad es una diversión para el insensato, mas la sabiduría recrea al hombre inteligente. ²⁴ Lo que el malvado teme, eso le sobrevendrá, pero los justos recibirán lo que desean. ²⁵ Como pasa el torbellino, así el malo no permanece, mas el justo permanece para siempre. ²⁶ Como el vinagre para los dientes y el humo para los ojos, así es el perezoso para quienes lo envían. ²⁷ El temor de Jehová aumenta los días, mas los años de los malvados serán acortados. ²⁸ La esperanza de los justos es

alegría, mas la esperanza de los malvados perecerá. ²⁹ El camino de Jehová es fortaleza para el perfecto, pero destrucción para los que cometen maldad. ³⁰ El justo jamás será removido, pero los malvados no habitarán la tierra. ³¹ **De la boca del justo brota la sabiduría, mas la lengua perversa será cortada.** ³² **Los labios del justo saben decir lo que agrada, mas la boca de los malvados habla perversidades.** **11:1** Jehová abomina el peso falso, pero la pesa cabal le agrada. ² **Cuando llega la soberbia, llega también la deshonra; pero con los humildes está la sabiduría.** ³ **La integridad guía a los rectos, pero a los pecadores los destruye su propia perversidad.** ⁴ De nada servirán las riquezas en el día de la ira, pero la justicia librará de muerte. ⁵ La justicia del perfecto endereza su camino, pero el malvado caerá por su propia impiedad. ⁶ La justicia libra a los rectos, pero los pecadores son atrapados en su pecado. ⁷ Cuando muere el hombre malvado, perece su esperanza; la expectación de los malos perecerá. ⁸ El justo es librado de la tribulación, pero su lugar lo ocupa el malvado. ⁹ **El hipócrita, con la boca daña a su prójimo, pero los justos se libran con la sabiduría.** ¹⁰ Con el bien de los justos se alegra la ciudad, pero cuando los malvados perecen, se hace fiesta. ¹¹ **Por la bendición de los rectos la ciudad es engrandecida, pero por la boca de los malvados es trastornada.** ¹² **El que carece de entendimiento menosprecia a su prójimo, pero el hombre prudente calla.** ¹³ **El que anda con chismes revela el secreto; el de espíritu fiel lo guarda íntegro.** ¹⁴ Donde no hay dirección sabia, el pueblo cae; la seguridad está en los muchos consejeros. ¹⁵ La ansiedad aflige al que sale fiador de un extraño; el que aborrece las fianzas vive seguro.

En Proverbios 11.4 se puede ver la relación entre ira (cólera) y justicia que es el tema que buscamos, no obstante, observen que está entremezclado con las exhortaciones al correcto uso de la lengua. Este correcto uso de la palabra proviene de la sabiduría, su mal uso de la insensatez. Emerge el tema del justo que sirve de guía para diferenciar a las personas sabias de las necias en Proverbios. En 11.3 se aclara la cuestión: la persona justa está vinculada a la integridad. En el siguiente verso la ira está relacionada con las riquezas y la justicia a la liberación frente a la muerte. Los versos 6 y 7 continúan profundizando el tema hasta el punto de mostrar una relación sustancial con St 1.12-14: "el malvado caerá por su propia impiedad".

La comparación entre ambos textos (St 1 y Proverbios 10-11) requiere de atención por lo que será necesario buscar la mayor cantidad de relaciones posibles entre ambos. Una vez agotado este paso se puede proseguir con la siguiente referencia.

La misma Biblia de Jerusalén indica una referencia a Proverbios 14.17. De nuevo leemos el contexto de este verso y encontramos muchas relaciones con Santiago:

Proverbios 14:1-35 ¹ La mujer sabia edifica su casa, pero la necia con sus manos la derriba. ² El que camina rectamente teme a Jehová, pero el de caminos pervertidos lo menosprecia. ³ **En la boca del necio está la vara de su soberbia; a los sabios, sus labios los protegen.** ⁴ Sin bueyes, el granero está vacío; por la fuerza del buey hay abundancia de pan. ⁵ **El testigo verdadero no miente; el testigo falso dice mentiras.** ⁶ **Busca el escarnecedor la sabiduría y no la halla, pero para el hombre sensato la sabiduría es cosa fácil.** ⁷ **Quítate de delante del hombre necio, porque no hallarás ciencia en sus labios.** ⁸ La ciencia del prudente está en comprender su camino; la indiscreción de los necios es engaño. ⁹ Los necios se burlan del pecado, pero entre los rectos hay buena voluntad. ¹⁰ El corazón conoce sus íntimas amarguras, y ningún extraño se mezclará en su alegría. ¹¹ La casa de los malvados será asolada, pero florecerá la morada de los rectos. ¹² Hay camino que al hombre le parece derecho, pero es camino que lleva a la muerte. ¹³ Aun en medio de la risa se duele el corazón, y el término de la alegría es la congoja. ¹⁴ De sus caminos se hastía el necio de corazón, pero el hombre de bien estará contento con el suyo. ¹⁵ El ingenuo todo lo cree; el prudente mide bien sus pasos. ¹⁶ **El sabio teme y se aparta del mal; el insensato es insolente y confiado.** ¹⁷ **El que fácilmente se enoja comete locuras; y el hombre perverso es aborrecido.** ¹⁸ Los ingenuos heredarán necedad, **mas los prudentes se coronarán de sabiduría.** ¹⁹ Los malos se inclinarán delante de los buenos, y los malvados, ante las puertas del justo. ²⁰ El pobre resulta odioso aun a su amigo, pero muchos son los que aman al rico. ²¹ **Peca el que menosprecia a su prójimo, pero el que tiene misericordia de los pobres es bienaventurado.** ²² **¿No yerran los que traman el mal? Pero misericordia y verdad alcanzarán a los que planean el bien.** ²³ **Toda labor da su fruto; mas las vanas palabras empobrecen.** ²⁴ Las riquezas de los sabios son su corona; la insensatez de los necios es locura. ²⁵ **El testigo veraz salva las vidas; el falso dice mentiras.** ²⁶ **En el temor de Jehová está la firme confianza, la esperanza para sus hijos.** ²⁷ **El temor de Jehová es manantial de vida que aparta de los lazos de la muerte.** ²⁸ En el pueblo numeroso está la gloria del rey; en la falta de pueblo, la debilidad del príncipe. ²⁹ **El que tarda en airarse es grande de entendimiento; el impaciente de espíritu pone de manifiesto su necedad.** ³⁰ **El corazón apacible es vida para la carne; la envidia es carcoma de los huesos.** ³¹ **El que oprime al pobre afrenta a su Hacedor, pero lo honra el que tiene misericordia del pobre.** ³² Por su maldad es derribado el malvado, pero el justo, en su propia muerte halla refugio. ³³ En el corazón del prudente reposa la sabiduría, pero no es conocida en medio de los necios. ³⁴ La justicia engrandece a la nación; el pecado es afrenta de las naciones. ³⁵ **El favor del rey es para con el servidor prudente; su enojo, para el que lo avergüenza.**

De nuevo es necesario estudiar con detenimiento esta sección de Proverbios para buscar las mayores relaciones posibles con Santiago, luego hacer una sistematización.

Se puede observar cómo Proverbios ha enriquecido el pensamiento de Santiago y esto permite hacer relaciones en Santiago que provienen de las relaciones que hace Proverbios. Así que es posible entender desde Proverbios la inversión que señalamos antes. Los caminos de la persona de doble corazón y las empresas de los ricos se pueden relacionar fácilmente con el dicho "La cólera del hombre no realiza la justicia de Dios. Mientras que está claro que Dios da generosamente la Sabiduría a la persona justa y que de Dios proviene lo bueno y lo perfecto en contraposición a los caminos de los ricos.

A la luz de estos datos se puede releer el capítulo 1 de Santiago desde Proverbios e ir indicando relaciones de modo que se comprenda con mayor profundidad el tejido de Santiago, no solo aquí en el capítulo 1, sino en todo el escrito.

El trabajo de identificar una estructura y comprender desde ella un texto requiere disciplina y dedicación. Pero da sus frutos, especialmente, en donde no se cuenta con suficientes recursos bibliográficos. En el siguiente capítulo se verá más profundamente la forma de proceder para profundizar una estructura y sus relaciones con textos del PT, así como del ST. Basta ahora con lo antes dicho.

Se puede concluir que la integridad es el corazón de la espiritualidad sapiencial. Aprender a vivir bien supone aprender a vivir en la integridad. La persona justa es aquella que ha tomado este camino y persevera en él. La perseverancia es lo que muestra nuestra fidelidad a Dios. En el hacer justicia desde un corazón íntegro que muestra a Dios en las luchas cotidianas. Aunque parece una tarea humilde, construir la paz a partir de la justicia responde a una orientación fundamental entre quienes se confiesan como cristianos y cristianas.

¿Qué es la prueba, entonces, sino el asumir con dedicación la búsqueda de integridad en medio de un mundo dominado por la injusticia y el engaño? Quizá dejando de lado la búsqueda de reconocimiento social por nuestras habilidades y estudios, encontremos un camino mejor, aquel que proviene de la contemplación permanente de la verdad.

Estructura del capítulo 1 desde el griego

Desde el punto de vista del texto griego, la estructura del capítulo 1 de Santiago tiene una dinámica diferente a la anteriormente expuesta. Uso términos gramaticales propios del Griego del Nuevo Testamento que no es necesario saber para seguir el estudio (esto es algo de lo que no hay que preocuparse). Para contrastar ambas propuestas, la anterior con base a la traducción al español y la que sigue con base en el griego, presento el esquema de la segunda:

    1.1-5
        1.6-11
            1.12-18
        1-19-25
    1.26-27

El capítulo 1 es una sección particularmente difícil si uno busca puntos consistentes de estructuración. Sin embargo, existen cinco frases que giran en torno al adverbio de negación "no" y esta será la clave para proponer un sistema de estructuración sustentable. El verso 5 y el 26 serían los versos clave para hacer esta propuesta:

- 1.5: Mas **si alguno** de ustedes **carece** de sabiduría, pídala de Dios el que da a todos generosamente y **no injuriando** y se la dará.

- 1.26: **Si alguno parece** religioso ser **no dominando** su lengua engaña a su corazón, esta religión es sin valor.

Ambos versos inician con una partícula condicional con presente indicativo: Si alguno… En el primer caso, la idea se mueve en el plano de lo efectivo de una gestión, así: quien toma conciencia de su carencia de sabiduría, pídala de Dios que da a todos generosamente y no injuria y la dará a él. De esta forma, quien pide puede estar seguro de que, al ser Dios dador generoso y a diferencia de un patrón, no entra en el juego que reduce al otro (Batten A., 2008, pág. 57), y recibirá lo que pide. En el segundo caso, el autor cuestiona la autoconstrucción de sí: Si alguno considera ser religioso, y no pone freno a su lengua, pero engaña a su corazón, entonces, la religión de este es vacía. En el primer caso la consecuencia es el dar de Dios, en el segundo caso, la falsedad de la presuposición de que su religión es auténtica. La partícula "no" seguida de participios tiene sentido de indicativo e implica dos modos de ser contradictorios: Dios que da y no recrimina, reprocha o injuria mientras en el segundo caso, la incapacidad de refrenar la lengua es testimonio de la falsedad de lo que afirma.

Es necesario tomar conciencia de que los términos blasfemar, hablar mal del otro, injuriar son considerados como un grupo semántico vinculado al hablar mal de alguien sea esta una divinidad o una persona. Estos y otras palabras, más de 60, forman parte, en la tradición bíblica, del campo semántico del chisme cuya función social puede resumirse según Richard Rohrbaugh (Rohrbaugh, 2007, págs. 138-144):

1. Clarificación (construcción de consenso), mantenerse (reafirmación) y reforzamiento (sanción) de los valores de grupo.

2. Formación de grupo y mantenimiento de fronteras.

3. Evaluación moral de individuos.

4. Identificación de liderazgo y competencia

Los dos textos citados anteriormente hacen referencia a este ámbito de las prácticas sociales y se relacionan, no solo con el "chisme" sino también con el patronazgo. Dada la importancia de la lengua en el capítulo 3 de Santiago, ambos textos tienen una gran relevancia a la hora de buscar una estructura de la obra y en particular del capítulo 1.

Las siguientes dos menciones de "no" se encuentran en 1.7 y 1.22:

- 7: pues no piense el hombre aquel que recibirá algo del Señor
- 22: y sean hacedores de la palabra y no solo oidores engañándose a ustedes mismos

Como se puede observar ambas menciones se encuentran en contextos en donde el verbo dominante está en imperativo. Ambas son afirmaciones que no dejan espacio a la ambigüedad, al contrario se orientan hacia la completud/integridad.

El quinto caso es 1.13:

- 16: No se engañen, hermanos míos amados

Es una exhortación contundente a no engañarse y está dirigida al grupo dominante que constituye el auditorio de Santiago: hermanos míos. La estructura sintéticamente tendría las siguientes temáticas:

- 1.1-5 constituye la primera sección del capítulo y aporta el tema de fondo, la completud.

- 1.6-11 expresa lo opuesto: la persona de doble corazón

- 1.12-18 recupera el tema inicial desde una Bendición y presenta dos dimensiones antropológicas distintas: el nacimiento del pecado y la muerte consecuente y el nacimiento en/de Dios

- 1.19-25 expresa la dimensión de ambigüedad frente a la completud a través de la tensión entre el ser oidor y ser hacedor.

- 1.26-27 recupera la completud desde Lv 19

El conjunto de negaciones muestran las preocupaciones del escritor que pone el acento en no engañarse y en abrazar una vida en la completud.

Preguntas para la reflexión

1. ¿Cómo le explicaría a otra persona lo que es una estructura?
2. Defina en sus palabras lo que son la inclusión, el quiasmo y el paralelismo.
3. Explique cómo se identifica la estructura de un texto.
4. ¿Qué aprendió en este ejercicio de estudio de Santiago 1? ¿Cómo le explicaría a alguien más el proceso de estudio de un texto bíblico?
5. ¿Qué opina de la diferencia entre estudiar el texto en la traducción española y la griega?

Las distintas secciones de Santiago

Brevemente quiero proponer una estructura para cada sección de Santiago. Ya tenemos el capítulo 1 el cual ha sido dibujado de dos formas, una sobre la base del español y otra sobre la base del griego, ambas tienen diferencias. Estas diferencias a veces se pueden complementar pero a veces no. La experiencia indica que solo luego de un largo proceso de maduración y de persistencia en el estudio de un texto, uno estará en condiciones de tomar alguna decisión. Por el momento se puede dejar así.

El capítulo 2

El capítulo 2 de Santiago será estudiado en el capítulo siguiente, así que solo mostraré los esquemas o dibujos de la estructura de las secciones que lo componen. Para poder seguir los esquemas se debe tener el texto de Santiago en mano, abierto en el texto que se estudia y observar las letras en mayúscula y lo que sería su contraparte en mayúscula y con un apóstrofe (´): A y A´; B y B´; C y C´. Cuando aparecen letras en minúscula es porque existe una estructura dentro de otra mayor, en muchos casos se pueden dibujar, con estas letras en contraposición, tres o cuatro esquemas que se complementan mutuamente.

Primera sección 2.1-13

A	2.1			
B	2.2-7	a	2-3	
		b	4	
		a´	5-7	
B´	2.8-12	a	8	
		b	9	
		c	10	
		b´	11	
		a´	12	
A´	2.13			

Sección central e inicio de la segunda sección 2.14-16

A	14.a	
B		14.b
		14.c
C		14.d
B´		15-16b
		16.c
A´	16.d	

Tenemos **A** mayúscula que es el inicio de la sección en donde se expone lo esencial: Hermanos míos, no tengan en acepción de personas la fe de nuestro Señor Jesucristo de Gloria. La conclusión de la sección está marcada por una **A´** con apóstrofe y se encuentra en el verso 13: porque juicio sin misericordia al que no haga misericordia... A simple vista ambos versos no están relacionados, pero ¿será posible entender el hacer acepción de personas como una manera de actuar sin misericordia? Si, es muy posible si leemos el contenido de la sección.

Por otro lado tenemos dos estructuras internas con las letras en minúscula: **a, b, a´**, la primera y **a, b, c, b´, a´**, la segunda. Es fácil identificar el porqué de estas estructuras internas. En el primer caso **a y a´** se vinculan gracias a la descripción de los vestidos y a la identificación de estas con los ricos o con los pobres. En el segundo caso se puede observar que en cada verso aparece la palabra ley.

Esta segunda sección del capítulo 2 asume con toda claridad el tema de la fe/fidelidad y se engancha a la sección anterior a través de la frase de verso 12: "así hablen, así hagan" que sintetiza el tema de la completud. En 2.14 se recupera la frase en una forma más clara y también ejemplar: "Si fe/fidelidad alguno dijera tener pero obras no tiene…"

Esta idea del **decir-hacer** se repite 4 veces en la sección: 14, 17, 20, 26. Es como si se martillada una idea fonéticamente hasta que quedara impresa en la mente del auditorio. Sin embargo, la estructura se enrumba de manera más compleja en su desarrollo. También esta sección está formada de dos secciones menores. En la primera se parte de una proposición que incluye el ejemplo a reflexionar: 2.14-16. La clave de la sección es la pregunta "¿De qué aprovecha…?" que constituye la primera línea y cierra la última línea. La respuesta dentro del marco de la sección es "de nada aprovecha". Sobre el concepto de fe/fidelidad/lealtad tanto Malina como Michel apuntan a la misma cualidad: confianza, autenticidad y lealtad entre los que establecen una alianza y la solidez de sus promesas (Michael, 1980). Para Malina, Fe/Fidelidad:

> …se refiere al valor de la fiabilidad. El valor es adscrito tanto a personas como también a objetos y a cualidades. Con relación a las personas, fe es fiabilidad en las relaciones interpersonales: se toma como el valor de perseverar en la lealtad personal, de la confiabilidad personal. Los sustantivos "fe" "creencia", "fidelidad", "fiel" tanto como los verbos "tener fe", y "creer" se refieren al pegamento social que une a una persona con otra. Esta unión es lo social, externamente manifestado, emocionalmente enraizado en la conducta de lealtad, compromiso y solidaridad. Como una unión social, funciona junto con el valor (personal y grupal) de amarrarse (traducido por "amor") y el valor (personal y grupal) de alianza o confianza (traducido por "esperanza"). (Malina B., 1993)

La fe, en este sentido de lealtad, es fundamental para comprender la vida desde la completud o la perfección. La correlación entre el hablar y el hacer expresa la realización de una vida leal a Dios y se constituye en contradicción de la experiencia espiritual de las personas de doble-corazón. Los versos del 14-26 muestran de forma contrastante las dimensiones del doblez y de la completud.

El verso 14 está formado por cuatro líneas: **a.** De qué aprovecha, hermanos míos; **b.** si fe/lealtad dijera alguno tener; **c.** pero obras no tiene; **d.** no puede la fe salvarle. Los tres versos constituyen, también, una proposición que expresa la calidad de la fe/lealtad. El patrón mostrado por los versos 14-16 expresa una sola idea que está marcada por la pregunta "¿Qué aprovecha..?, con la que se abre y se cierra la sección, luego se explica el problema: si fe dijera alguno tener, pero no tiene obras; para luego indicar el resultado: no puede la fe salvarle. El ejemplo que sigue muestra el punto de tensión entre el decir y el hacer, ambos separados son inútiles, no tienen ningún provecho.

Los versos 15-16 ejemplifican esta división del decir y el hacer: "si un hermano o una hermana desnudos están y carentes del diario alimento", esta es la situación, sigue la ejemplificación de la conducta frente a esa situación: "y dijera alguno de ustedes: Id en paz, caliéntense y hártense pero no dieran a ellos lo necesario para el cuerpo". Entonces, la conclusión lógica es simple: ¿Qué aprovecha uno con esta ruptura entre lo que se dice y lo que se hace? Las personas en necesidad (ha de entenderse "el pobre" de la sección anterior) estarán en peligro de muerte y por lo tanto, la palabra en ruptura con el acto concreto se transforman en nada. Así queda dibujada la persona de doble corazón. Entonces, la proposición inicial seguirá su curso a través de las siguientes líneas que tienen ecos en los versos 17, 20 y 26.

Los versos del 14 al 16 son un excelente ejemplo de balance y ritmo como se puede apreciar en la siguiente traducción:

    14.**a**. ¿De qué sirve?

        14.**b**. **si** fe **dice** alguno tener

        14.**c**. más obras no tiene

            14.**d**. ¿puede la fe salvar a él? (no)

      15.**a**. **si** un hermano o hermana...

      16.**a**. y **dice** alguno a ellos de entre vosotros

      16.**b**. Id en paz, calentaos y hartaos

      16.**c**. **pero no dan** a ellos lo necesario para la vida del cuerpo

    16.**d**. ¿De qué sirve?

Segunda sección 2.17-26

A	17						
	B		18-19				
		C		20			
	B´		21-25	a	21		
				b	22		
						C	23
				b´	24		
				a´	25		
A´	26						

Estos primeros versos (2.14-16) forman una unidad y proponen la completud como ejercicio integrado del **decir y el hacer**, la ruptura entre ambos solo produce algo inútil, algo que no aprovecha. La perspectiva propuesta hace del hablar un fantasma en tanto este no realiza una gestión. Es la integridad en el **hablar-hacer** lo que produce algo provechoso. Si bien se deben entender, estos versos, dentro del marco de la sección que va hasta el verso 26, el ejemplo suministrado los vincula con el verso 13 y el tema de la misericordia. Un tema que, en términos de solidaridad con el vecino, aparece de muchas formas en Levítico 19. Por ejemplo, en Lv 19.9-10 se indica que a la hora de cosechar un campo de cultivo se debe dejar frutos para las personas pobres.

Los versos 17, 20 y 26 llevan la proposición inicial (2.14-16) a un mayor nivel de profundidad a través de dos mecanismos: la resonancia y la ampliación. La resonancia es el estribillo que forma parte de la proposición en 14-16 y muta en 17, 20 y 26, mientras que la ampliación está constituida por los espacios ejemplares en 18-19 y 21-25. El ejemplo de la hermana y el hermano desnudos y hambrientos pasa luego a ser profundizado en 18-19 a través de un reto: "muéstrame la fe/lealtad tuya sin las obras y yo te mostraré de/desde las obras mías la fe", construyendo un sistema quiástico: fe tuya-sin necesidad de obras y obras mías-manifestación de la fe, unidas ambas líneas por el verbo "mostrar". Pero continúa la ampliación con una nota sobre la unicidad de Dios "tú crees que Dios es uno, bien haces (eco del verso 8), también los demonios creen y tiemblan". La cuestión es que, si los demonios son consecuentes con su conocimiento de Dios, ¿Por qué "ustedes" no son consecuentes con ese conocimiento?

Los versos 21-25 llevan esta idea a otro nivel de profundidad y dan un ejemplo de la proposición a través de dos personajes clave en la historia de la casa de Israel: Abraham y Rahab:

A   Abraham, nuestro padre, ¿**no fue justificado por sus obras, ofreciendo** a su hijo Isaac sobre el altar?

    B   **Ven** que la fe coopera **con las obras** de él y por las obras la fe **fue completada**

        C   Y la escritura **fue completada**, la que dice: creyó/fue leal Abraham a Dios y le fue tomado por justicia y amigo de Dios fue llamado.

    B   **Ves** que **por las obra**s es justificado el hombre y no por la fe sola

A   Y del mismo modo, también, Rahab la prostituta ¿**No fue justificada por las obras recibiendo** a los ángeles y enviándolos por otro camino?

Ahora, las secciones que conforman el capítulo 2 tienen resonancias tanto en su eje: la fe/fidelidad, como en su manera de proponer la reflexión: ejemplo concreto y ampliaciones. La primera sección gira en torno a la "ley real": "amarás a tu prójimo…", la prueba sobre la que se sustenta es la unicidad de la ley que hace eco perfecto de la unicidad de quien la da. En el segundo caso, la unicidad de la relación fe/fidelidad-obras es lo que se muestra en la ampliación de 21-25, pero en especial en el verso 19: "si crees que Dios es uno…". Se puede, también observar que la estructura de 8-12 forma un quiasmo perfecto a través de la reiteración de la palabra "ley", y también este tipo de estructura se encuentra, perfectamente lograda en 21-25. Así, todo el capítulo está construido sobre dos proposiciones en donde los ejemplos aportan cosas concretas de la proposición y luego cierra con estructuras quiásticas bien logradas. En este punto y aún con las diferencias se puede identificar un enorme esfuerzo literario y cuidadoso balance.

No está de más indicar que, las secciones están entrelazadas por palabras que se repiten, pero estas no amarran superficialmente las cuestiones tratadas sino que las ponen en forma de eco de una hacia la otra. Así que la presencia del pobre constituye el espacio en donde la fe-fidelidad se juega su completud. El pobre es el lugar teológico en donde la unicidad de Dios, conocida por el "ustedes", se realiza, ya sea para mostrar su integridad o, en su defecto, para mostrar su división interna.

El tema del hablar resuena en todo el capítulo a través del uso del verbo "decir" y muestra la dimensión de la división de la persona de doble corazón. Se amarra, de esta manera el tema del capítulo 1 (1.21ss: "Sean hacedores de la palabra y no tan solo oidores…") y del capítulo 3 (3.3ss).

El capítulo 3

PRIMERA SECCIÓN: 3.1-12

El capítulo 3 también se puede dividir en 2 secciones: 3.1-12 y 3.13-18. El esquema de la **primera sección** es:

    A   3.1-2a
        B   3.2b-4
            C   3.5-6
        B   7-10a
    A   3.10b-12

El tema que aparece con mayor fuerza es el de la lengua, pero no hay que confundirse, lo que está subyacente es la completud como se indica en 2c: "este es un varón completo". Pero al decir esto debe uno considerar que se mantiene el mismo tenor que proviene del capítulo 2: la integridad entre el decir y el hacer. El hablar se constituye en un tema de fondo ya que expresa esa completud o la falta de ella, es decir, ser una persona de doble corazón. De ahí que la sección va dirigida a quienes quieren ser Maestros en la comunidad o en las comunidades que leerían este escrito.

Para comprender el significado social de este tema hay que ubicarse dentro del contexto del chisme, el cual se trató en el capítulo anterior. Este se refiere a cómo en las culturas orales el chisme es un instrumento para definir la calidad del otro y permite organizar los procesos de interacciones sociales. El saber algo sobre el otro supone poder decidir si una persona es de confianza o no, de modo que, sabiendo eso, yo puedo negociar y entrar en un acuerdo con esa familia, acuerdo o negociación que me beneficia. En las contiendas por el honor, el chisme resulta un arma eficaz para ganar honor frente a otro y esto me permite tener una mejor posición a la hora de negociar, por ejemplo, un matrimonio.

Cada persona debe cuidar constantemente su reputación y mantener una imagen pública pura, así como evitar que aquello que sucede dentro de su casa llegue a oídos de los de afuera de ella. Este tipo de control social juega un papel central en los procesos de interacción que permiten o impiden la toma de decisiones y las expectativas de las personas. Así que las contiendas por el honor responden a los modos de ejercer dicho control en la práctica cotidiana. Es importante subrayar la dimensión externa de la conciencia, en contraposición con la más extendida visión de la conciencia como una experiencia interna. La comunidad se transforma en esa conciencia y de ahí que cuanto uno hace debe hacerlo de acuerdo a las normas establecidas por la costumbre y la tradición. Uno siempre estará bajo escrutinio y todo cuanto haga es una ocasión para caer.

La sección inicia con un llamado de atención hacia quienes desean ser maestros porque saben que un mayor juicio recibirán dado que "todos **caemos** muchas veces". Se entiende que se trata del hablar, del enseñar y esto queda corroborado en el resto del verso 2: "Si alguno en la palabra no cae, este (es) un varón perfecto, que puede dominar todo su cuerpo". La frase "Hermanos míos" se repite dos veces más en la sección en 3.10b y 12, menciones que hacen inclusión (ver página 54). Del mismo modo se puede comprender el uso de "dominar/poner freno" (restringir al caballo a través del freno en la boca) a la lengua que se repite en el verso 3: "mas si en las bocas de los caballos los frenos ponemos…" de modo que se pueden guiar, ejemplo seguido por otro ejemplo: el del timón en los barcos. La raíz de "freno/frenar" tiene un eco en 7 y 8 con el verbo "dominar" y "boca" en 10a.

Entonces la sección tendría las siguientes características:

a. Advertencia a los que quieren ser Maestros

b. Ejemplos de cómo restringir la palabra, los caballos y los barcos

c. Descripción de la maldad, injusticia y poder de la lengua

d. Incapacidad de dominar la lengua y de la dualidad que esta es capaz de producir: bendición y maldición

e. Advertencia: esto no puede ser así hermanos míos. No pueden salir dos aguas distintas de la misma fuente, ni puede producir, un mismo árbol, olivas e higos.

Si traducimos este esquema a una estructura concéntrica se puede ver mejor la dinámica de la sección:

    A   Advertencia a los que quieren ser Maestros

          B   Ejemplos de cómo se restringe a los caballos y los barcos

                C   Descripción de la maldad, injusticia y poder de la lengua

          B´   Incapacidad de dominar la lengua y de la dualidad que esta es capaz de producir: bendición y maldición

    A´   Advertencia: esto no puede ser así hermanos míos. No pueden salir dos aguas distintas de la misma fuente, ni puede producir, un mismo árbol, olivas e higos.

La imagen de los caballos se complementa con la frase de 3.7: "Toda naturaleza de bestias, de aves, de serpientes y de seres del mar, se doma y ha sido domada por la naturaleza humana". Así, con un freno en la boca se puede dirigir a los caballos y de hecho se han domado muchos tipos de animales, no obstante, la lengua, que no es un animal salvaje, que es parte de un ser humano, resulta imposible de domar.

La lengua como medio o instrumento de la interacción humana es, en los términos del pasaje, una fuerza tan poderosa que resulta imposible domar o guiar. De ahí que una persona completa es aquella que logra dominar su hablar. Pero lo que resulta interesante es el contraste de esta sección con la siguiente ya que el hablar se entreteje con la sabiduría.

Segunda sección 3.13-18

El esquema de la sección es el siguiente:

A   3.13
    B   3.14
        C   3.15
    B´   3.16
A´   3.17-18

- En el verso 13 aparece la palabra "sabio" y junto a ella "aquel que tiene conocimiento sobre algo, experto", además de la palabra "sabiduría", este conjunto de términos tiene un eco en el verso 15 y en el verso 17 en la frase "sabiduría de lo alto".

- En los versos 14 y 16 aparece la palabra "celos" y en estos dos versos se explicita la dimensión destructiva de la sabiduría "terrenal". Junto a esta palabra aparece también "rivalidad". Ambos apuntan a las contiendas por el honor y en ese sentido, como se puede apreciar en el capítulo 2, se muestra la dinámica del "ustedes" actuando fuera de la ley real y rompiendo la solidaridad fundamental que esta ley define. La atención al otro es una manera de interactuar dentro del marco de la completud y en este caso la segunda sección del capítulo 3 subraya que la calidad de la sabiduría que lleva a la construcción de una comunidad, está marcada por prácticas que cuestionan la dinámica de las contiendas por el honor: "Pero la sabiduría que es de lo alto es primeramente pura, después pacífica, amable, benigna, llena de misericordia y de buenos frutos, sin incertidumbre ni hipocresía" (3.17).

- Los versos 17-18 están en consonancia con el verso 13. Allí se indica que la persona sabia muestra por su manera de vivir, por las obras "la mansedumbre de la sabiduría".

- La conclusión es aportada en el verso 18 e indica el objetivo: "fruto de justicia en paz es sembrado a los que hacen la paz".

La sección 4.1-5.6

Esta sección es larga y es muy compleja. Se puede dividir en tres secciones menores. El esquema de toda la sección es el siguiente:

A. 4.1-10   a   4.1-3
      b   4.4
        c   4.5-7
      b´   4.8
    a´   4.9-10
 B. 4-11-12
A´ 4.13-5.6   4.13-17
      5.1-6

- La **primera sección** está compuesta por los versos 4.1-10 y tiene varias particularidades.

    o Los versos 1-3 están saturados de formas verbales en presente que indican una manera de ser, una conducta persistente y consistente.

    o Los versos 4-8 abren con un vocativo (ver recuadro página 32) y cierran con un vocativo dejando como centro dos citas de la escritura.

    o Y los versos 9-10 están saturados de verbos en imperativo.

- La **segunda sección** corresponde a los versos 4.11-12 en donde se recoge el tema del mal hablar y se vincula con la tarea de ser jueces, suplantando incluso a Dios como creador de la ley.

- La **tercera sección**, está construida por dos "Ayes" en donde se tipifica las conductas que se cuestionan, estos "Ayes" están construidos en paralelo.

La sección es difícil ya que la relación entre sus tres partes no es evidente. Especialmente 4.11-12 que retoman el tema del hablar. En la primera sección y la tercera se puede identificar el tema de la riqueza que empuja a las personas a hacer la guerra y a buscar modos de acaparar riqueza.

Luego de los versos 11-12, tenemos dos "Ayes" en 4.13 y 5.1. En el primer caso "¡Ay!, ahora los que dicen" y en el segundo "¡Ay!, ahora, los ricos", ambos "Ayes" son seguidos de ejemplos de prácticas que muestras la soberbia y el despojo del otro para concluir con dos líneas que funcionan como cierre de cada uno. En el primer caso: "Entonces, el que sabe lo bueno hacer y no lo hace, pecado es para él" (4.17), y en el segundo caso: "Condenaron, asesinaron al justo, él no ofrece resistencia a ustedes" (5.6). Estos dos ejemplos cierran lo propuesto al inicio del capítulo 4, todas las gestiones de este grupo tipificado por un hacer violento se cierran con la condena a muerte, como acto realizado y efectivo del justo, quien no ofrece resistencia

En este punto uno puede identificar una relación temática: ricos/pobres en el capítulo 2 y la sección 4.1-5.6. En el primer caso se subraya la acción de quienes dicen tener fe pero actúan de uno contrario a la ley real: amarás a tu prójimo… En el segundo caso se describen las prácticas de los ricos y de aquellos que viven del comercio. Esto significa que ambas secciones están profundamente vinculas. El esquema para describir estas relaciones es el siguiente:

      Capítulo 2
         Capítulo 3
      Capítulos 4.1-5.6

El eje central del escrito es el capítulo 3 en donde aparece con fuerza el tema de la sabiduría y el de sabio, ambos en el contexto de una reflexión sobre la lengua. Se entiende que lengua aquí trata sobre el hablar. Los capítulo 2 y 4.1-5.6 ofrecen una serie de ejemplos sobre el mal hablar que es también un mal hacer, un hacer el mal. El hacer el bien es el fruto de la completud, la división entre el hacer y el hablar dice referencia a la persona de doble corazón igual sucede con aquellos que hacen el mal.

La relación entre el Capítulo 1 y la sección 5.7-20

Al llegar hasta aquí, queda demostrar la relación que existe entre el Capítulo 1 y la sección 5.7-20. Destaca una relación de vocabulario que solo sucede en ambas secciones y se encuentra en 1.12 y 5.10-11:

El sustantivo bienaventurado (feliz) y la forma verbal "tenemos como bienaventurados (felices)" hacen inclusión (ver página 54) ya que solo en estos dos lugares aparece además de 1.25. Ambos textos se complementan. En 1.12 y 25 se propone el hacer que es ejemplar en el presente vivido, mientras que en 5.10-11 se muestran ejemplos de gentes honorables del pasado, en este caso los profetas y Job. También la palabra "paciencia", que sucede en 1.3 y 4 aparece en 1.12 y 5.11 pero que tiene el sentido de resistencia o persistencia, perseverancia y tiene un eco con 5.7-8.

Otro punto de encuentro entre el capítulo 1 y la sección final es el verbo "engañarse", errar, tomar el camino equivocado. Tres veces aparece este término en Santiago, dos son verbos y un sustantivo en 1.16 y 5.19 (verbos) y en 5.20 (sustantivo)

La palabra "muerte" solo aparece en 1.15 y 5.20 en Santiago. Se puede observar el uso de la palabra "pecado" como un indicador especial. Su uso está bien distribuido y solo en el capítulo 1 y 5.7ss este aparece repetidas veces, mientras en 2.9 y 4.17 una sola vez y en oraciones muy sintéticas. En el primer caso, quien hace acepción de personas comete pecado y queda convicto por la ley como transgresor; en el segundo caso "quien sabe hacer lo bueno y no lo hace, pecado, para él, es". Así se integran en el contexto en donde la soberbia y el status se ponen por encima de la perspectiva divina que expone el autor.

En el primer caso, la acepción de personas como reafirmación del sistema de honor adscrito y en el segundo en tanto, la gestión del comercio oscurece la gestión de la vida confiada en Dios: "en lugar de decir ustedes: Si el Señor quisiera y viviéramos e hiciéramos esto o aquello" (4.18). Toda la frase transforma el párrafo del ámbito de la soberbia al ámbito de la atención a Dios. En 2.9, se recoge la oposición a la ley regia: amar al prójimo que es un bien hacer. El actuar contra la ley es vivir en la condena de los actos, cualquiera estos sean y el no amar al prójimo, en el hacer acepción de personas que se asume como una blasfemia (2.7). Las prácticas de los ricos y de quienes asumen el honor adscrito como valor fundamental se tornan en soberbia y de allí el hablar mal del Buen Nombre que es invocado sobre el "Ustedes".

El tema del pecado en el capítulo 1 está en el contexto de la prueba, en donde se expresa que la prueba viene no de fuera, sino de dentro, de las codicias que uno contiene y estas le atraen y seducen, de allí la imagen del embarazo y el dar a luz del verso 15, para luego, en el verso 16 señalar "No se engañen, hermanos míos..." y sigue, lo bueno "viene del Padre de las luces..." En la sección del capítulo 5, en los versos 15, 16 y 20, el tema del pecado es mencionado como su superación en la gestión de la solidaridad y el mutuo cuidado. Es esta realización del amor al prójimo lo que permite la liberación del pecado: la oración por la persona enferma, el confesarse mutuamente los pecados, el hacer regresar al que se ha extraviado, son las formas en que la nueva comunidad realiza su ser en Dios, abandonando así, el contexto del chisme y del honor adscrito.

También, es importante, las tres menciones de la palabra verdad que se encuentran en Santiago. En este caso se puede observar mejor la interacción entre 1 y 5.7ss en oposición a 3.14. Observemos que en 1.18: el Padre de las luces, quien es firme, deseando, nos dio a luz, para ser primicias de entre su creación. Ese sería el ser de los escuchas, su marca, su honor adquirido, dado por Dios y en este ser participa quien habla y quien escucha, es una nueva familia en donde sus miembros están marcados por el hacer del Padre de las luces. Así mismo, en 5.19 se describe el camino de la bondad de Dios en la gestión de los hermanos hacia quien se haya perdido de la verdad y, si pueden hacerle volver... En contraste, está el ejemplo en 3.14 en donde los celos y la rivalidad expresan la lejanía de la sabiduría de lo alto, la negación de participar en esta familia y la marca que define su actuar está en las contiendas por el honor.

La estructura completa del Escrito Sapiencial de Santiago sería:

> **A.** Capítulo 1
> **B.** Capítulo 2
>   **C.** Capítulo 3
> **B´.** Capítulos 4.1 al 5.6
> **A´.** Capítulo 5.7-20

Lo que sigue es trabajar lo más profundamente posible cada sección e identificar las relaciones de cada sección con las otras. El eje de Santiago, en esta propuesta, está en el capítulo 3 en donde se concentran las exhortaciones tanto a los Maestros como sobre la lengua y la sabiduría.

Resumen

El estudio de la estructura de Santiago nos ayuda a comprender su punto de vista. Hacer este tipo de estudio no es sencillo, sobre todo, requiere de una gran dosis de paciencia para leer una y otra vez el texto hasta lograr entender su diseño. Pero también da muy buenos frutos. Uno aprende a escuchar. Escucha a una persona que vivió hace unos dos mil años y que tuvo mucho que decir. En el camino que uno ha seguido se descubren los indicadores que Santiago dejó para decir aquello que era significativo para él.

En este caso, algunos temas quedan resaltados: la sabiduría, la completud, el hablar bien y el hacer bien, también el hablar mal y el hacer mal, la presencia de las contiendas por el honor y el abandono de Dios o el abrazar a Dios. Todo esto está ahí, entretejido en el texto. Por eso resulta necesario su estudio y un estudio cuidadoso.

Preguntas para la reflexión

1. Describa cómo se sintió al estudiar las distintas estructuras de las secciones de Santiago.

2. Haga una lista de los puntos principales que son fundamentales en cada sección.

3. Explique cómo ayuda una estructura de todo el texto a la comprensión de Santiago.

4. ¿Cuál es el papel de la Sabiduría en Santiago?

Capítulo 3 Santiago 2.1-13

Antecedentes, traducción y estructura

En el capítulo 2 de Santiago se ofrece una perspectiva que nos ayuda a comprender todo el escrito. En particular el término "acepción de personas" muestra las dimensiones de la incompletud en la práctica de los Maestros, el "hermanos míos" al que se dirige el escrito. El estudio del Capítulo 2.1-13 es lo que sigue a continuación.

Debo indicar que este será un capítulo difícil porque ofrece una gran cantidad de citas bíblicas y de citas de distintos autores. Es necesario que cada persona disponga de un cuaderno para tomar apuntes y escribir los aprendizajes que va logrando.

Acoger/discriminar según la apariencia: el significado de "acepción de personas"

La sección que estudio (St 2.1-13) inicia con esta llamada de atención: "no hacer acepción de personas". La palabra griega traducida en las versiones de la Biblia por "acepción de personas" es *prosopolepteo* (verbo) o *prosōpolēmpsia* (sustantivo). Estas y sus derivados aparecen únicamente seis veces en el Nuevo Testamento, dos en Santiago 2.1, 9 y una vez en Hechos 10.34, Romanos 2.11, Efesios 6.9 y Colosenses 3.25. La raíz griega de este término tiene como base las palabras "rostro" y el verbo *lambanō* (recibir); el sentido literal es "recibir a alguien según el rostro". El concepto lo explica Bruce Malina de la siguiente forma:

> Observe que en este estudio se transcriben al español las palabras griegas. Esto facilita la identificación de esas palabras en concordancias o diccionarios que incluyan los términos en griego. No son todos los casos, pero es un aporte significativo para comprender los textos más allá de la traducción al español.

> El primer significado es que Dios no puede ser engañado, especialmente por la confianza en el honor adscrito de una persona, derivado este, de su lugar social de nacimiento (= rostro). Dios castigará a las personas por sus malas acciones, a pesar de su grupo social o de la afiliación escogida. El mero acto de ser un descendiente de Abraham o un miembro del grupo de Jesús no obviará el juicio divino. (Malina B. y., 2006, pág. 234)

En el Primer Testamento encontramos las siguientes citas que validan el argumento de Malina:

- No hagáis distinción de persona en el juicio: tanto al pequeño como al grande oiréis. No tendréis temor de ninguno, porque el juicio es de Dios. La causa que os sea difícil, la traeréis a mí, y yo la oiré". Dt 1.17

- Porque Jehová, vuestro Dios, es Dios de dioses y Señor de señores, Dios grande, poderoso y temible, que no hace acepción de personas, ni recibe sobornos, Dt 10:17

- No tuerzas el derecho, no hagas acepción de personas ni tomes soborno, porque el soborno ciega los ojos de los sabios y pervierte las palabras de los justos. Dt 16:19

- No cometerás injusticia en los juicios, ni favoreciendo al pobre ni complaciendo al grande: con justicia juzgarás a tu prójimo. Lv 19.15.

- ¿Hasta cuándo juzgaréis injustamente y haréis acepción de personas con los impíos? Sal 82:2

- Justicia y derecho son el cimiento de tu trono; misericordia y verdad van delante de tu rostro. Sal 89:14

- También estos son dichos de los sabios: Hacer distinción de personas en el juicio no es bueno. Prov 24:23

- Hacer distinción de personas no es bueno; ¡hasta por un bocado de pan prevaricará el hombre! Prov 28:21

- Muchos buscan el favor del príncipe, pero de Jehová procede la justicia para todos. Prov 29:26

- La tierra es entregada en manos de los impíos, y él cubre el rostro de sus jueces. Y si no es él, ¿quién es?, ¿dónde está? Job 9:24

- No te empeñes en llegar a ser juez, no sea que no puedas extirpar la injusticia, o te dejes influir del poderoso y pongas un tropiezo a tu integridad. Eclesiástico 7.6

- No trates de corromperle con presentes, porque no los acepta, no te apoyes en sacrificio injusto. Porque no cuenta para él la gloria de nadie. No hace acepción de personas contra el pobre y la plegaria del agraviado escucha. No desdeña la súplica del huérfano, ni a la viuda, cuando derrama su lamento. Eclesiástico 35.11-15

- "El hijo honra al padre y el siervo a su señor. Si, pues, yo soy padre, ¿dónde está mi honra?; y si soy señor, ¿dónde está mi temor?, dice Jehová de los ejércitos a vosotros, sacerdotes, que menospreciáis mi nombre y decís: "¿En qué hemos menospreciado tu nombre?". En que ofrecéis sobre mi altar pan inmundo. Y todavía decís: "¿En qué te hemos deshonrado?". En que pensáis que la mesa de Jehová es despreciable. Cuando ofrecéis el animal ciego para el sacrificio, ¿acaso no es malo? Asimismo, cuando ofrecéis el cojo o el enfermo, ¿acaso no es malo? Preséntalo, pues, a tu príncipe; ¿acaso le serás grato o te acogerá benévolo?, dice Jehová de los ejércitos". Ahora, pues, orad por el favor de Dios, para que tenga piedad de nosotros. Pero, "¿cómo podéis agradarle, si hacéis estas cosas?, dice Jehová de los ejércitos. Mal 1:6-9

El término hace referencia a no considerar el honor adscrito a cada persona a la hora de impartir justicia. Dicho de otro modo, hacer acepción de personas es no reconocer el honor de Dios. Malina señala que el honor determina la vestimenta, las maneras de la persona, los gestos, la postura, de modo que según sea el honor de una persona así deberá ser ubicada en una cena, en una asamblea, señalando su rango social como superior o inferior en un contexto específico (Malina, Bruce y Pilch, John, 2006, pág. 369). Tanto en Santiago como en algunos de los textos citados antes, esta actitud tiene que ver con la integridad de la persona que juzga. Por lo menos dentro del Primer Testamento, todo apunta a que la persona juez emula a Dios, por lo que sus acciones serían como las de Dios.

La argumentación de Santiago indica que Dios escogió a los pobres como herederos del Reino (2.5), mientras que quienes hacen acepción de personas deshonran al pobre (2.6). Esta es la clave de lectura que usaremos en esta reflexión.

El tejido de Santiago 2.1-13

El trabajo exegético que propongo tiene como tarea establecer, en primer lugar, los límites del texto ¿es la sección 2.1-13 una unidad? Luego estudiaré las diversas partes que la componen dejando lo más claro posible las relaciones internas de la sección y de esta con el escrito de Santiago. Agregaré, además, una serie de puntos de encuentro entre Pablo y Santiago.

La doble mención de "acepción de personas" en 2.1 y en 2.9 es la primera pista sobre las dimensiones del pasaje. Estas dos menciones conforman una inclusión (ver recuadro). Este es un "procedimiento literario que consiste en encerrar una unidad literaria entre dos palabras o frases iguales o equivalentes" (Flor, 2000, pág. 62). Tomando ese referente se puede ver cómo el texto aparece como unidad y cómo se relaciona con su contexto literario.

En 1.27 se dice que "La religión pura y sin mancha delante de Dios el Padre es esta: visitar a los huérfanos y a las viudas en sus tribulaciones y guardarse sin mancha del mundo", de este modo se recupera Eclesiástico 35.11-15: "No trates de corromperle con presentes, porque no los acepta, no te apoyes en sacrificio injusto. Porque no cuenta para él la gloria de nadie. No hace acepción de personas contra el pobre y la plegaria del agraviado escucha. No desdeña la súplica del huérfano, ni a la viuda, cuando derrama su lamento." Así que estamos en un desarrollo posterior de la temática de la prueba que corresponde al tema central de la sección anterior y la consecuente exhortación a realizar la palabra y no tan solo a oírla. La Bienaventuranza de 1.25 expresa el producto de la vivencia de la Ley perfecta de la libertad. Por eso se puede decir que si bien, 2.1 abre una nueva temática, al mismo tiempo mantiene el hilo de lo que se ha dicho anteriormente.

Santiago 2.9, que constituye el segundo miembro de la inclusión, tiene un adendum. Esto se logra por la vinculación entre los versos 9 y 10 a través de la partícula "pues" que en griego se puede traducir por "porque" en sentido causativo o explicativo (Zerwick, Biblical Greek., 1963, págs. 472-474). Podemos sin temor señalar que lo que sigue luego del verso 9 es una explicación de este y debe ser incluido en la sección que se analiza. Así como en 2.1 la acepción de personas implica un juicio, los versos 10-13 expresan las consecuencias de tal juicio y ponen toda la sección dentro del marco del cumplimiento de la ley, la cual se resume en "amarás a tu prójimo como a ti mismo (v.8).

En el verso 14 se abre un nuevo tema que, como en 2.1, está relacionado con la fe: "Hermanos míos, si alguno dice que tiene fe y no tiene obras, ¿de qué sirve? ¿Puede acaso su fe salvarle?" Lo que sigue es la discusión de este nuevo tema y define el final de nuestro texto en 2.13. ¿Sin embargo, será posible obviar este pasaje en la discusión sobre la fe que salva en Santiago? "¿Pero quieres saber, hombre vano, que la fe sin obras está muerta?" (St 2.20) La fe se perfecciona en las obras, o mejor se hace íntegra. Este es un tema que se recupera de 1.1-12. Quien separa las obras de la confesión y de la fe no es otro que una persona de doble corazón, inconstante en todos sus caminos (1.8) Esta dualidad supone el camino hacia la destrucción de la comunidad. En consecuencia, la temática de 2.1-13 está articulada dentro de la sección 2.14ss: la fe que se vive sin acepción de personas, una fe íntegra, es también la fe que salva. El verso 13 nos recuerda "juicio sin misericordia a quien no tenga misericordia". Entonces, la conclusión de todo el capítulo es: "Así como el cuerpo sin espíritu está muerto, también la fe sin obras está muerta" (2.26).

Cómo el autor expresa su pensamiento: la estructura de Santiago 2.1-13

Luego de establecer los límites de la unidad literaria a estudiar conviene entender su tejido, es decir, cómo las palabras entretejen un argumento creando relaciones entre ellas. Lo que corresponde será definir su estructura.

Se requiere una traducción del texto que haya considerado distintas opciones de traducción. Esta es una tarea difícil si tenemos en cuenta que, al comparar distintas traducciones disponibles, estas no explican por qué han traducido una palabra o una frase de tal o cual modo. Las traducciones nos piden que aceptemos, a priori, su propuesta. En el caso de Santiago resulta difícil encontrar comentarios en español que ofrezcan una explicación de qué opciones se han tomado para traducir. Ofrezco una propuesta que trata de seguir la dinámica de la sintaxis del griego y a la vez describo las decisiones de traducción que asumo:

v.1. Hermanos míos, no en acepción de personas tengáis la fe del señor nuestro Jesús Cristo de gloria

> En este verso debemos señalar dos problemas de traducción. El primero tiene que ver con la frase "la fe de-el Señor nuestro Jesús Cristo" ya que la preposición *de* apunta a la fe propia de Jesús. Se esperaría la preposición *en* "la fe en el Señor nuestro Jesús Cristo". En el griego la frase está construida como un solo conjunto que se articula por medio del caso genitivo, en español sonaría así: la fe (**del** señor **de** nosotros **de** Jesús **de** Cristo **de** gloria). El caso genitivo en griego tiene múltiples significaciones, quizá lo que podría englobar este caso es la relación, por ejemplo: María la **de** José, Jesús **de** Nazareth, en los días **de** Herodes, trono **de** Dios. En casi todos los casos la preposición española *de* es la mejor manera de traducir el caso genitivo. Como se puede apreciar no tiene que ver con posesión (por ej. la silla de Juan) sino más bien con una cierta cualidad que le da la relación de un término con otro. Esta es una cualidad adjetival o adverbial (Ruck, 1972, pág. 43) (Goetchius, 1965, págs. 58-61). El segundo problema es la traducción de la palabra "gloria" (esto se discutirá más adelante). Debe considerarse "gloria" como parte del conjunto.

En este párrafo se explica qué es un caso genitivo en griego.

v.2. Pues si entrara en la asamblea de ustedes un varón con anillo de oro, con vestido espléndido y entrare también un pobre con sucio vestido

v.3. Y volvieran la vista sobre el viste el vestido espléndido y dijeran, tú siéntate aquí en buen lugar y al pobre dijeran, tu quédate de pie allí o siéntate bajo mi estrado

> Los versos 2 y 3 aportan un ejemplo que explica a lo que se refiere el verso 1. La palabra "vestido" en griego es poco común tanto en el Primer como

en el Segundo Testamento. La construcción griega que se traduce como "vestido espléndido", además de estos dos versos aparece solo tres veces más en el ST:

> Lucas 23:11 Entonces Herodes con sus soldados lo menospreció y se burló de él, vistiéndolo con una **ropa espléndida**; y volvió a enviarlo a Pilato.
> Hechos 1:10 Y estando ellos con los ojos puestos en el cielo, entre tanto que él se iba, se pusieron junto a ellos dos varones con **vestiduras blancas**,
> Hechos 10:30 Entonces Cornelio dijo: -- Hace cuatro días que a esta hora yo estaba en ayunas; y a la hora novena, mientras oraba en mi casa, vi que se puso delante de mí un varón con **vestido resplandeciente**.

El verbo que hemos traducido por "volvieran la vista sobre" tiene una resonancia de Eclesiástico 11.12: "Hay quien es débil, necesitado de apoyo, falto de bienes y sobrado de pobreza, mas los ojos del Señor le **miran** para bien, él le recobra de su humillación." Vale la pena echar una mirada al contexto anterior Eclesiástico 11.1-5: "La sabiduría del humilde le hace erguir la cabeza, y le da asiento entre los grandes. No alabes nunca a un hombre por su buen parecer, ni abomines de nadie por su aspecto. Pequeña entre los que vuelan es la abeja, mas lo que ella elabora es lo más dulce. No te glories del manto que te envuelve, el día de la gloria no te engrías; pues admirables son las obras del Señor, pero están ocultas a los hombres. Muchos tiranos se sentaron en el suelo, y un desconocido se puso la diadema. Muchos poderosos fueron muy deshonrados, y hombres ilustres entregados a otras manos. Sin haberte informado no reprendas, reflexiona primero y haz luego tu reproche." El mismo verbo es usado por Isaías 66.2: "Mi mano hizo todas estas cosas, así todas ellas llegaron a ser", dice Jehová. "Pero yo miraré a aquel que es pobre y humilde de espíritu y que tiembla a mi palabra."

v.4. ¿no han hecho distinciones entre ustedes mismos y llegan a ser jueces de malos criterios? O ¿no han hecho una discriminación (injusta) por los temores o dudas que hay en ustedes mismos y, por eso, han llegado a convertirse en jueces con malos criterios".

El verso cuatro concluye con una pregunta que el auditorio tendrá que responder. Con esta pregunta se cierra el ejemplo. Al traducir nos vemos en problemas con la primera parte de la pregunta: el verbo y su objeto. La primera palabra de la frase es "no", le sigue el verbo: "han hecho distinciones". El verbo está en tiempo aoristo (una acción que se ha realizado en el pasado y se ha concluido) en voz pasiva. En el griego los verbos, a veces, tienen significados distintos según la voz que se use. En el caso del siguiente ejemplo de Mateo 16.3 la traducción de la voz activa es discernir, entonces, "sabéis discernir": "Y por la mañana: "Hoy *habrá* tempestad, porque el cielo está rojizo y amenazador." ¿**Sabéis discernir** el rostro del cielo, pero no las señales de los tiempos?".

Traducir el verbo en Santiago 2.4 supone articular la primera parte de la pregunta con la segunda: "llegan a ser jueces con malos criterios". Es por eso que se requiere de una traducción que explique con claridad la referencia que se hace a través del verbo que resume lo dicho en los tres versos anteriores. Para eso debemos considerar que: a. El hacer distinciones está relacionado a "hacer acepción de personas"; b. que existe un rasgo de juicio en el verbo; c. Que el verbo está vinculado a Santiago 1.6. Entonces: "no han hecho un juicio basado en la discriminación". El objeto "entre ustedes mismos" implica que este juicio viene desde dentro de las personas que tienen el poder para establecer los rangos de honor dentro de la comunidad.

Davids (Davids P. , 1982, pág. 110) señala bien que existe un texto en la mente del autor y considera que dicho texto es Lev 19.15: "No cometerás injusticia en los juicios, ni favoreciendo al pobre ni complaciendo al grande: con justicia juzgarás a tu prójimo." Sin embargo, es más apropiado por el contexto de Santiago la relación con Prov 31.9: "Abre tu boca, juzga con justicia y defiende la causa del pobre y del menesteroso." Mucho mejor es Deuteronomio 1.15-17: "Entonces tomé a los principales de vuestras tribus, hombres sabios y expertos, y los puse como jefes sobre ustedes, jefes de mil, de cien, de cincuenta y de diez, y gobernadores de vuestras tribus. Y di a vuestros jueces esta orden: "Oíd entre vuestros hermanos, y juzgad justamente entre el hombre y su hermano, o un extranjero. **No hagáis distinción de persona en el juicio: tanto al pequeño como al grande oiréis. No tendréis temor de ninguno, porque el juicio es de Dios**. La causa que os sea difícil, la traeréis a mí, y yo la oiré". La frase que se traduce en Deuteronomio (según la traducción griega que conocemos como Septuaginta –de los setenta- y cuyas iniciales con: LXX) como "no hagáis distinción de persona en el juicio", está construida sobre un verbo y un objeto verbal que hace eco del término "acepción de personas". No es el mismo de Santiago, pero Dt si usa el término "rostro": "no reconocer el rostro" de alguien, o mejor "no reconocer según el rostro a una persona", que es equivalente al término "acepción de personas en Santiago". Como ejemplo se puede citar Dt 16.19: "No tuerzas el derecho, **no hagas acepción de personas** ni tomes soborno, porque el soborno ciega los ojos de los sabios y pervierte las palabras de los justos.". Una traducción más apropiada del verso 4 podría ser: ¿no han hecho una discriminación (injusta) por los temores o dudas que hay en ustedes mismos y, por eso, han llegado a convertirse en jueces con malos criterios?". Un caso parecido se encuentra en Hechos 15.5-10: "Pero algunos de la secta de los fariseos, que habían creído, se levantaron diciendo: -- Es necesario circuncidarlos y mandarles que guarden la Ley de Moisés. Entonces se reunieron los apóstoles y los ancianos para conocer de este asunto. Después de mucha discusión, Pedro se levantó y les dijo: -- Hermanos, ustedes saben cómo ya hace algún tiempo Dios escogió que los gentiles oyeran por mi boca la palabra del evangelio y creyeran. Y Dios, que conoce los corazones, les dio testimonio, dándoles el Espíritu Santo lo mismo que a nosotros; y ninguna diferencia hizo entre nosotros y ellos, purificando por la fe sus corazones. Ahora pues, ¿por qué tentáis a Dios, poniendo sobre la cerviz de los discípulos un yugo que ni nuestros padres ni nosotros hemos podido llevar?"

v.5. Escuchad, hermanos míos amados ¿no escogió Dios a los pobres según el mundo ricos en fe y herederos del Reino el cual prometió a los que le aman?

Santiago vuelve a presentar el caso de la acepción de personas pero como una afirmación de valores y prácticas consecuentes.

v.6. Más ustedes deshonran al pobre ¿no los ricos oprimen a ustedes y ellos arrastran a ustedes a los tribunales de justicia?

El término que ha sido traducido usualmente por las versiones de la Biblia de forma inadecuada es el que he traducido por "deshonran". Este es traducido por los verbos en español: menospreciar y afrentar. Sin embargo, es clave para una lectura desde la antropología del Segundo Testamento entender que de lo que se trata es de arrebatar el honor de una persona, su bien más preciado, lo que es. No se trata de menospreciar sino de violar.

v.7. ¿no ellos blasfeman el buen nombre que es invocado sobre ustedes?

Con este verso se cierra el argumento iniciado primero en 2.1 y luego en 2.5. El término blasfemar es importante por las connotaciones teológicas que tiene. Ver Isaías 52.5; Dan 3.29; Mt 9.3; 26.65; Mr 2.7; 3.28-29; Ro 2.24. El término griego blasfemar, blasfemia, también se usa en el Segundo Testamento, se usa en sentido de calumnia como en 1Cor 10.30.

Los versos 5 al 7 están estructurados a partir de tres adverbios de negación: *No*, que conforman preguntas retóricas que necesariamente serán contestadas con una aprobación: sí, esto es así.

v.8. Si realmente la ley real cumplen según la escritura: "Amarás al prójimo tuyo como a ti mismo" hacen bien.

v.9. Pero si hacen acepción de personas pecado cometen y quedan convictos por la ley como transgresores.

v.10. Pues quien toda la ley guarda y falta en uno, llega a ser de todos culpable.

v.11. Pues el que dijo: "No adulterarás", dijo también "no matarás" más si no adulteras, pero matas llegas a ser transgresor de la ley

v.12. Así hablen y así hagan como por la ley de la libertad están a punto de ser juzgados

v.13. Pues juicio sin misericordia al que no hace misericordia. Se gloría la misericordia del juicio.

Esta sección no presenta problemas de traducción. Se abre un nuevo argumento que da por sentado la cualidad de jueces de quienes ordenan el acomodo de acuerdo al honor de las personas y esta acción en el verso 9 es conceptualizada como un pecado. Es importante indicar que la discusión del texto articula este nuevo pecado con el Decálogo.

Entonces, luego de la traducción procedemos a organizar el texto según los argumentos que este presenta:

Argumento principal:

Verso 1. Hermanos míos, no en acepción de personas
tengáis la fe del señor nuestro Jesús Cristo de gloria

Ejemplo:

2. Pues si entrara en la asamblea de ustedes   a
   un varón con anillo de oro, con vestido espléndido   **b, rico**
   y entrare también   a
   un pobre con sucio vestido   **b, pobre**

3. Y volvieran la vista
   sobre el viste el vestido espléndido   **b, rico**
   y dijeran, tú siéntate aquí en **buen** lugar   c
   y al pobre   **b, pobre**
   dijeran, tu quédate de pie allí o siéntate bajo mi estrado   c

Conclusión:

4. ¿no han hecho una discriminación (injusta) por los temores o dudas que hay en ustedes mismos y, por eso, han llegado a convertirse en jueces con malos criterios?".

Profundización del argumento presentado en el ejemplo:

5. Escuchad, hermanos míos amados
   ¿no escogió Dios a los pobres según el mundo ricos en fe   **b, pobre**
   y herederos del Reino el cual prometió a los que le aman?

6. Más ustedes deshonran al pobre   d
   ¿no los ricos oprimen a ustedes   **b, rico**
   y ellos arrastran a ustedes a los tribunales de justicia?

7. ¿no ellos blasfeman el **buen** nombre que es invocado sobre ustedes?

Nuevo argumento que contextualiza la acción discriminatoria dentro de la práctica de la ley:

8. Si realmente la <u>ley real</u> cumplen según la escritura: **Ley real**
"Amarás al prójimo tuyo como a ti mismo"
hacen **bien**.

9. Pero si hacen acepción de personas
pecado cometen
y quedan convictos por la <u>ley como transgresores</u>. **Ley/transgresor**

10. Pues quien toda la ley guarda **Ley**
y falta en uno,
llega a ser de todos culpable.

11. Pues el que dijo: "No adulterarás", dijo también "no matarás"
más si no adulteras, pero matas
llegas a ser <u>transgresor de la ley</u> **Ley/transgresor**

12. Así hablen y así hagan como por la <u>ley de la libertad</u> están a punto de ser juzgados
  Ley de la libertad

Conclusión de la sección:

13. Pues juicio sin misericordia al que no hace misericordia. Se gloría la misericordia del juicio.

Observemos que se repite el término acepción de personas en los versos 1 y 9. Además, hay dos momentos en la argumentación, **la primera sección** de 2.2 hasta el 7 y **la segunda sección** de 2.8 hasta el 12.

La primera sección aporta un ejemplo sobre la relación rico y pobre; el segundo sobre el cumplimiento de la ley. El verso 4 vincula la primera sección 2.2-7 con el tema de la segunda 2.8-12: jueces/ley.

La segunda sección está claramente estructurada al mencionar 5 veces la palabra ley: Ley real/ley de la libertad (vv. 8 y 12); ley/transgresor (vv. 9 y 11), en el verso 10 se da la idea central: guardar toda la ley/faltar en un precepto/ser de todos los preceptos-toda le ley culpable. La primera sección se estructura sobre la base de la relación rico-pobre (vv. 2-3) y pobre-rico (vv. 5-7), el centro de la estructura se encuentra en la pregunta del verso 4. El verso 1 y el 13 se vinculan en la significación global del hecho cuestionado: vivir la fe en acepción de personas es hacer un juicio sin misericordia/ vivir la fe sin hacer acepción de personas es actuar con misericordia y superar el juicio.

Si consideramos que en el capítulo 1 de Santiago el tema central es la prueba la que fortalece la integridad, es decir, tener un solo corazón, entonces quienes hacen acepción de personas tienen un doble corazón, tema que, en el capítulo 1 se plantea en el verso 6 en donde aparece el verbo hacer discriminación/dudar(2.4). Así, la persona que actúa sin hacer acepción de personas expresa a la persona perfecta que supera la prueba y la valora como parte de un proceso de alcanzar la integridad (1.4). Hacer acepción de personas supone lo opuesto como se señala en 1.8, ser una persona de doble corazón.

Ahora estamos en condiciones de mostrar una estructura del pasaje de acuerdo al principio de estructuras concéntricas. En este tipo de estructura el argumento tiende a ser circular, es decir, luego de aportar distintas ideas o imágenes sobre el tema tratado, se va regresando por el camino andado hasta volver al inicio. El esquema que propongo es el siguiente:

A	2.1				
B	2.2-7	a	2-3		
		b	4		
		a´	5-7		
B´	2.8-12	a	8		
		b	9		
				c	10
		b¨	11		
		a´	12		
A´	2.13				

Este esquema se puede trazar así en el texto:

A. 1. Hermanos míos, no en acepción de personas tengáis la fe del señor nuestro Jesús Cristo de gloria

B. 2. Pues si entrara en la asamblea de ustedes — a

un varón con anillo de oro, con vestido espléndido — b, rico

y entrare también — a

un pobre con sucio vestido — b, pobre

3. Y volvieran la vista

sobre el viste el vestido espléndido — b, rico

y dijeran, tú siéntate aquí en buen lugar — c

y al pobre — b, pobre

dijeran, tu quédate de pie allí o siéntate bajo mi estrado — c

4. ¿no han hecho una discriminación (injusta) por los temores o dudas que hay en ustedes mismos y, por eso, han llegado a convertirse en jueces con malos criterios".

5. Escuchad, hermanos míos amados

¿no escogió Dios a los **pobres** según el mundo ricos en fe   **b, pobre**

y herederos del Reino el cual prometió a los que le aman?

6. Más ustedes deshonran al pobre   **d**

¿no los **ricos** oprimen a ustedes   **b, rico**

y ellos arrastran a ustedes a los tribunales de justicia?

7. ¿no ellos blasfeman el buen nombre que es invocado sobre ustedes?

B´. 8. Si realmente la <u>ley real</u> cumplen según la escritura: **Ley real**

"Amarás al prójimo tuyo como a ti mismo"

hacen **bien**.

9. Pero si hacen acepción de personas

pecado cometen

y quedan convictos por la <u>ley como transgresores</u>.   **Ley/transgresor**

10. Pues quien toda la ley guarda   **Ley**

y falta en uno,

llega a ser de todos culpable.

11. Pues el que dijo: "No adulterarás", dijo también "no matarás"

más si no adulteras, pero matas

llegas a ser <u>transgresor de la ley</u>   **Ley/transgresor**

12. Así hablen y así hagan como por la <u>ley de la libertad</u> están a punto de ser juzgados

Ley de la libertad

A´. 13. Pues juicio sin misericordia al que no hace misericordia. Se gloría la misericordia del juicio.

Podemos elaborar una estructura más compleja si consideramos que cada sección B tiene una estructura también concéntrica:

CAPÍTULO 3 SANTIAGO 2.1-13

La primera sección B:

a	2. Pues si entrara en la asamblea de ustedes		a
	un **varón con anillo de oro, con vestido espléndido**		b, rico
	y entrare también		a
	un pobre con sucio vestido		b, pobre
	3. Y volvieran la vista		
	sobre **el que viste el vestido espléndido**		b, rico
	y dijeran, tú siéntate aquí en **buen** lugar		c
	y **al pobre**		b, pobre
	dijeran, tu quédate de pie allí o siéntate bajo mi estrado		c
b	4. ¿no han hecho una discriminación (injusta) por los temores o dudas que hay en ustedes mismos y, por eso, han llegado a convertirse en jueces con malos criterios".		
a´.	**a.** 5. Escuchad, hermanos míos amados		
	¿no escogió Dios **a los pobres** según el mundo ricos en fe		b, pobre
	y herederos del Reino el cual prometió a los que le aman?		
	b. 6. Más ustedes deshonran al pobre		d
	a´. ¿no **los ricos** oprimen a ustedes		b, rico
	y ellos arrastran a ustedes a los tribunales de justicia?		
	7. ¿no ellos blasfeman el **buen** nombre que es invocado sobre ustedes?		

La segunda sección:

    a. 8. Si realmente la <u>ley real</u> cumplen según la escritura:

        "Amarás al prójimo tuyo como a ti mismo"

      hacen **bien**.

        b. 9. Pero si hacen acepción de personas

            pecado cometen

            y quedan convictos por la <u>ley como transgresores</u>.

            c. 10. Pues quien toda la ley guarda

                y falta en uno,

                llega a ser de todos culpable.

        b´. 11. Pues el que dijo: "No adulterarás", dijo también "no matarás"

            más si no adulteras, pero matas

            llegas a ser <u>transgresor de la ley</u>

    a´. 12. Así hablen y así hagan como (quienes) por la <u>ley de la libertad</u> están a punto de ser juzgados

El valor de la estructura concéntrica es que, al seguir un orden que en un punto clave se regresa, hace que la persona que lee tenga que volver a leer el texto iniciando por el final. Cada elemento presentado enriquece lo que sigue pero a la vez enriquece lo anterior. Otro aspecto es que da cuenta de una manera de pensar que no común en nosotros. Nuestra manera de ordenar un discurso tiende a ir hacia delante para descargar en la conclusión, de forma sintética, nuestros argumentos. Para el pensamiento que trasluce el Segundo Testamento, esta forma lógica de argumentar o narrar no tiene el mismo poder de comunicación. El proceso de sintetizar considerando que lo fundamental es la conclusión deja de lado la plasticidad del discurso y sugiere que lo valioso es la conclusión misma. Por el contrario, la lógica concéntrica hace que el texto tenga que verse siempre como conjunto que se afecta en las dos direcciones: del principio al final pero, también, del final al principio.

El verso 1 sería el encabezado o mejor el argumento central, el verso 13, aporta la significación de tal argumento, las dos secciones, 2-7 y 8-12 están balanceadas, siendo el verso 4 la clave que se retoma en la segunda sección, mientras que el verso 10 establece el resultado de una acción injusta.

Capítulo 4 Santiago 2.1-13

Estudio sobre la base de la estructura

Estudio de las secciones A y A´: Santiago 2.1 y 13

En principio los dos versos no tienen nada en común, sin embargo, luego de realizar el recorrido por las secciones intermedias esto cambiará radicalmente. Se puede afirmar, sin más, que tener la fe de nuestro Señor Jesucristo de gloria, es equivalente a actuar con misericordia y que este actuar libera del juicio. Para quienes viven la fe con acepción de personas, lo opuesto, juicio sin misericordia para quien no haga misericordia.

Me concentraré aquí a pensar sobre la expresión "la fe de Jesús". Otros aspectos de estos dos versos, especialmente del verso 1, se verán en la Sección B. Es interesante que los comentaristas han buscado explicar la correcta posición de "gloria" en lugar de estudiar un problema agudo que presenta la construcción "la fe de...Jesucristo" (Davids P. , 1982, pág. 106). Es común para las personas cristianas entender que su fe es en Jesucristo, de modo que tal fe, está inmersa en Jesús. Esto significa que la fe tiene como objeto a Jesús: Creemos en Jesucristo. No obstante, tanto Pablo como, aquí Santiago, apuntan en otra dirección. Nuestra fe sería *como* fue la fe de Jesús. Dicho de otro modo, la fe de las personas que leyeron Santiago, se viviría de la misma forma como Jesús vivió su lealtad/fidelidad a Dios. La confesión de fe sería muy distinta: Creemos de la misma manera que Jesús creyó a Dios. Pero una mejor expresión de esta confesión sería: Somos fieles al mismo tipo de fidelidad con la que Jesús fue fiel. Jesús no sería el objeto de la fe sino la vida de Jesús, como persona fiel a Dios, sería nuestro punto de referencia. En el primer caso se enfatiza la confesión como tal, en el segundo caso, la confesión sería nuestra propia vida que es vivida del mismo modo que Jesús vivió su experiencia de Dios. La una cabe dentro de una experiencia religiosa, la otra dentro de una experiencia espiritual más profunda.

Luego de reflexionar en este tema quedo con la interrogante sobre la ausencia de esta discusión en torno a la fe de Jesús en Santiago. Me pregunto si omitirla sería válido desde el punto de vista exegético, si no habrá calado demasiado hondo el problema de la reconstrucción del Jesús histórico de modo que, a priori, se descarta como una imposibilidad práctica saber cómo él vivió la experiencia de Dios. Es decir, si no sabemos nada con plena certeza del Jesús histórico ¿cómo podríamos asumir una fe que no tiene asidero histórico? Bueno, la comprensión de lo histórico sería un aporte de la Teología de la Liberación latinoamericana. Lo histórico no sería aquello que científicamente se puede probar como cierto o no, sino aquello que, desde nuestra práctica histórica se torna críticamente significativo para la vida.

Entonces, ¿cómo entender la frase "la fe de Jesús..."? El griego simplemente implica por el uso del caso genitivo (ver nota a la traducción del verso 1) que se trata de la forma en que Jesús mostró en la práctica su fidelidad a Dios. Esto también aclara el significado de "gloria". Jesús asume su vida desde la soberanía creadora de Dios, es decir, su gloria (el significado de gloria se discutirá en el estudio de la sección B). ¿Existe alguna razón gramatical para cambiar el "de" por "en"? En realidad no.

La Fe de Jesús en Santiago y Pablo

La expresión "fe de Jesús" aparece pocas veces en el ST: Gá 2.16 y 3.22; Ro 3.22, 26; Ef 3.12 y Fil 3.9 además de St 2.1. Dos puntos de vista aportan alguna claridad sobre este tema ambos tratan con los textos paulinos de Gálatas. Sobre la fe de Jesús en 2.16 Longenecker señala que una clave sería entender fe desde la palabra hebrea "ĕmûnâ" que significa tanto fe como fidelidad (Longenecker, 1990, pág. 87). Así que la traducción sería "la fidelidad de Jesús". El otro punto de vista es de Richard Hays quien señala, luego de un profundo análisis, lo siguiente:

> Porque Jesucristo es el prototipo de la nueva humanidad, estos a quienes Dios llama son conformados al patrón definido por él, y la marca característica de este patrón es precisamente la fe/fidelidad. Entonces, cuando Pablo dice: "más no vivo yo, pero vive en mí Cristo, y ahora lo que vivo en la carne, en la fe/fidelidad (lo) vivo, en la fe/fidelidad del hijo de Dios, del que me amó y se entregó a sí mismo por mí" (Gá 2.20), el quiere decir, no solo "tengo vida a consecuencia de la autodonación fiel del Hijo de Dios", sino "participo en el patrón de fe realizado por el Hijo de Dios, quien me amó y se dio a sí mismo por mí". Pablo está diciendo ni que somos salvados por la creencia en Cristo ni que somos salvados por su manera de creer, sino, en cambio, está diciendo que porque participamos en Jesús Cristo, quien vivió de la fidelidad, nosotros también vivimos en fidelidad. (Hays, 2002, pág. 212)

El autor señala que la fórmula "quien vivió de la fidelidad" es su comprensión de Gá 3.11: que por la Ley nadie se justifica ante Dios es evidente, porque "el justo por la fe vivirá". Debemos entender que no se trata de trasponer la interpretación de los textos de Gálatas a Santiago, sino de que las interpretaciones antes mencionadas señalan una nueva manera de comprender St 2.1. Es importante acotar que la sección siguiente, es decir, St 2.14ss es una discusión sobre la fe que salva, la cual necesariamente conlleva obras. Por esta razón, la interpretación que demos a St 2.1 también debe dar una pista para la discusión sobre esa otra sección. Entonces, si asumimos las dos claves propuestas: a. la de entender fe como fidelidad dentro del contexto del idioma hebreo del PT, y b. la intención paulina de entender la fidelidad no como un objeto sino como una participación en la experiencia de Dios y de Jesús quien la muestra con toda claridad, se sigue que St 2.1 podría mucho mejor recuperar este mismo significado: la acepción de personas muestra la no fidelidad a la fidelidad de Jesús nuestro Señor de gloria.

Santiago establece un punto de referencia para la experiencia cristiana, de modo que, las acciones de Dios serán mostradas en nuestra fidelidad, cuando esto no sucede la fe/fidelidad no es consecuente. Este punto de vista es clave en la reflexión que hago posteriormente.

En ese mismo sentido el verso 13 implica que vivir en misericordia, del mismo modo que Dios actúa, es el camino para obtener misericordia, sin esta calidad de fe/fidelidad, lo que se asume es un juicio sin misericordia. Por esto, el verso 1 y el verso 13 plantean una misma cuestión de fondo: la única vida valiosa es aquella que se realiza en la emulación de Dios. Es importante tener esto en mente en el estudio de las secciones siguientes.

Estudio sección B: Santiago 2.2-7

a		2. Pues si entrara en la asamblea de ustedes	a
		un **varón con anillo de oro, con vestido espléndido**	b, rico
		y entrare también	a
		un pobre con sucio vestido	b, pobre
		3. Y volvieran la vista	
		sobre **el que viste el vestido espléndido**	b, rico
		y dijeran, tú siéntate aquí en **buen** lugar	c
		y **al pobre**	b, pobre
		dijeran, tu quédate de pie allí o siéntate bajo mi estrado	c
	b	4. ¿no han hecho una discriminación (injusta) por los temores	
		o dudas que hay en ustedes mismos	
		y, por eso, han llegado a convertirse en jueces con malos criterios".	
a´.	a.	5. Escuchad, hermanos míos amados	
		¿no escogió Dios **a los pobres** según el mundo ricos en fe	b, pobre
		y herederos del Reino el cual prometió a los que le aman?	
	b.	6. Más ustedes deshonran al pobre	d
	a´.	¿no **los ricos** oprimen a ustedes	b, rico
		y ellos arrastran a ustedes a los tribunales de justicia?	
		7. ¿no ellos blasfeman el **buen** nombre que es invocado sobre ustedes?	

La sección 2.2-7 está construida sobre las menciones (directas o indirectas) de rico-pobre (2.2-3) y pobre-rico (2.5-7). El verso 4 es el eje de la sección y contiene la pregunta de fondo. La discriminación que se hace al definir el status de una persona por su apariencia constituye, a quienes asumen tal práctica, en jueces con malos criterios.

Como se deduce de una lectura analítica de la estructura que propongo, 2.4 queda como centro del quiasmo por el vínculo entre las secciones 2.2-3 y 2.5-7 que marqué con a y a´ respectivamente. Pero no sólo como centro lógico -una idea distinta entre dos ideas semejantes- sino que las dos secciones que lo rodean crean un ambiente de ahogo dentro de la problemática.

El "ustedes" que recibe la exhortación de 2.4 está inmerso, incluso ahogado, en esta actitud cultural del hacer acepción de personas, para que la estructura del mundo permanezca tal cual, sin cambios. Hoy diríamos que se trata de actuar con "prudencia" para no recibir la presión de un mundo que se sustenta merced a la marginalización y la exclusión. Pero la manera que el "ustedes" del pasaje asume el conflicto social y cultural, pone su fe/fidelidad en cuestión, ya que están actuando como personas de doble-corazón. De ahí nacen los malos criterios: juzgar a las personas a partir de la impresión que causa el poder que deviene del honor adscrito. Poder que, en el texto, está caracterizado por el "anillo de oro y el vestido espléndido" (2.2). Aquí está el significado concreto de "acepción de personas" es decir "recibir según el rostro", reforzar, dentro de la comunidad, la estructura del estatus dominante. La doble mención de "vestido espléndido" (2.2 y 3) en contraste con una sola mención de "vestido sucio" (2.2) resalta el impacto visual, el acento en la apariencia. Esto nos recuerda 1.10-11 y la valoración que ese texto hace de la riqueza:

> y el rico, en su humillación, porque pasará como flor de hierba: sale el sol con fuerza y seca la hierba y su flor cae y se pierde su hermosa apariencia; así también el rico se marchitará en sus caminos.

Si la condición de ser rico es una apariencia que se pierde, condenada a marchitarse y humillante, entonces, ¿por qué el creyente toma esta condición perentoria como algo fundamental para orientar su vida de fe?

LOS POBRES COMO PROBLEMA

La preocupación por los pobres es un aporte de los cristianismos del siglo primero a la cultura de la época. En el Mediterráneo del siglo primero, los pobres no existían. En realidad había muchos pobres, la mayoría de las personas de las ciudades y los campos, estarían hoy incluidos en el concepto de "pobre". Su nivel de vulnerabilidad era excesivamente alto. Cuando digo que "no existían" es porque culturalmente no eran considerados personas por las que se podía tener compasión. Al contrario, el ser pobre era una desgracia con la que se nacía y se moría sin que nadie se preocupara por eso.

Puesto así, cuando Jesús, Pablo, o Santiago, hablan a favor de los pobres, y se ocupan de ellos, hacían algo inusual, extraordinario y no bien visto.

La gente pudiente de la época del Segundo Testamento podía caminar por las calles sin notar a los mendigos y a las personas enfermas tiradas en la calle sin que esto les importara en lo más mínimo. Es por eso que se puede afirmar que los pobres "no existían". Socialmente eran invisibles.

Los cristianismos de esa época se comportaban de una manera inadecuada al tocarlos, sanarlos y atenderlos. Que Dios los haya escogido como herederos del Reino debió causar una enorme extrañeza e incluso la burla.

La sección 2.2-3 apunta a una cuestión mucho más fuerte. Mientras el rico es conducido y ubicado en un buen asiento con cortesía y cuidado, el pobre, quien no tiene honor adscrito, por contraste, debe "sentarse en el estrado" del anfitrión, en el suelo. La frase griega dice: "quédate allí de pie, o siéntate bajo mi estrado".

Empecemos por señalar que la palabra que se traduce por estrado o escabel aparece otras seis veces en el Nuevo Testamento. En cada caso se hace alusión o al Salmo 110.1 -"hasta que haga a tus enemigos escabel de tus pies" (traducción de L. A. Schökel)- en Lucas 20.43, Hechos 2.35, Hebreos 1.13 y 10.13, o a Isaías 66.1-2 -"Los cielos son mi trono y la tierra el estrado de mis pies..."- en Mateo 5.35 y Hechos 7.35. Aunque no se puede afirmar que exista una relación literaria directa, pues Santiago no cita ni el Salmo 110 ni a Isaías, sin embargo, el solo uso de una palabra como ésta, que connota ambos textos del Primer Testamento, debe ponernos sobre aviso. En el caso de que aceptemos la picardía de Santiago al usarla, nos indicaría que "siéntate a mis pies" connota un fuertísimo significado de opresión y de reforzamiento de la condición social de inferioridad: ellos ocupan el lugar del enemigo vencido o, quizá, en el mejor de los casos, el polvo que cubre los pies de Dios. Insisto, si tenemos aquí es una alusión al Salmo 110 o a Isaías, entonces, Santiago opone el esplendor del rico a la reducción del pobre hasta ser nada, polvo. Aunque esto se aprecia en el texto sin necesidad de recurrir al Salmo o a Isaías.

Identificar esta relación entre Santiago y el Salmo 110/Isaías 66 me lleva a pensar en las implicaciones terribles de la imagen: Dios en su trono, sus enemigos a sus pies, o las gentes como el polvo, sin valor. Si se identifica claramente a los pobres y su lugar socio-cultural, entonces ¿Con quién se identifica a los ricos que han sido entronizados? Más aún, ¿con quién se identificaría al "ustedes" que vive su fe en la acepción de personas? ¿No sería una clara advertencia contra quienes reproducen dentro de la comunidad las estructuras de poder del mundo? Estas preguntas arrojan una nueva luz sobre la advertencia en 2.1: "no en acepción de personas tengáis la fe del Señor nuestro Jesucristo de gloria".

El uso de la frase "Señor de Gloria" en Santiago y Pablo

Incorporo aquí una discusión que debería estar en el estudio de los versos 1 y 13 que corresponden a A y A´ de nuestra estructura. Sin embargo, me ha parecido estudiar este punto aquí por la luz que arroja sobre el argumento de la sección B.

El verso 1 habla de Jesucristo de gloria. "Gloria" aparece vinculada a la manifestación de Dios (Ex 40.34, 35; Ageo 2.7). En Isaías 6.1 y 3, la gloria de Jehová llena el templo y la tierra toda. No hay paralelos exactos en el Primer Testamento para designar a Dios como "Señor de Gloria". Es difícil encontrar puntos de referencia sobre "Gloria" como un título de Jesucristo que provenga de la tradición cristiana del Segundo Testamento o del Primer Testamento que se pueda traducir en esa calidad de Jesucristo en Santiago.

> **PABLO Y SANTIAGO** comparten valores comunes y perspectivas comunes. No es acertado oponer la fe de Pablo a las obras de Santiago como ha sucedido. Al contrario la fe de Pablo implica acciones concretas de amor y solidaridad, mientras que la obras de Santiago muestran la fe. En ambos casos la integridad y la completud son fundamentales para la salvación.

La construcción gramatical griega es muy densa y está constituida por una serie de términos enlazados por el caso genitivo que implica relación (usualmente se traduce "de", ver discusión en la traducción propuesta). La traducción literal sería "la fe del Señor nuestro Jesucristo de gloria". La discusión se ha orientado por traducir "gloria" como un adjetivo de señor: "la fe de nuestro glorioso señor Jesucristo" (Martin R. P., 1988, pág. 56). Dibelius-Greven quieren hacer ver que esta gloria está vinculada a la resurrección como exaltación señalando que esto evita las dificultades lingüísticas del texto (Dibelius, 1988 (1920), pág. 128).

El Diccionario Teológico del Nuevo Testamento señala sobre el término "Gloria":

> Dos grupos diferentes de vocablos se utilizan en griego para expresar el concepto de honor. *Time* (honor) ya desde el griego clásico designa invariablemente el reconocimiento y la estima de la posición y de la dignidad del otro y, por consiguiente, es una actitud que se tiene ante Dios o ante los demás hombres (y no sólo ante los que ocupan un alto cargo o gozan de una posición social elevada). En cambio el vocablo *doxa*, que se utiliza a veces como sinónimo de aquel, designa en la Biblia una cualidad que esencialmente es propia de Dios y que el hombre se limita a reconocer; esta cualidad se designa con más frecuencia con el término Gloria, majestad y se refiere más bien a aquello que irradia su portador y que impresiona y, por lo tanto no se aplica a las relaciones humanas. (Coenen, 1985, pág. 227)

Así que gloria está vinculada a honor y majestad y cooperativamente a poder y fuerza: "Dios, que los sacó de Egipto, tiene fuerzas como de búfalo. Devora a las naciones enemigas, desmenuza sus huesos y las traspasa con sus flechas." (Nú 24:8), "Alabanza y magnificencia hay delante de él. Poder y alegría hay en su morada." (1 Cro 16:27), "Las riquezas y la gloria proceden de ti, y tú dominas sobre todo; en tu mano está la fuerza y el poder, y en tu mano el dar grandeza y poder a todos." (1 Cro 29:12), "¿Quién es este Rey de gloria? ¡Jehová el fuerte y valiente, Jehová el poderoso en batalla!" (Sal 24:8). Si existe un ser que en sí mismo concentre el valor de honor ese es Dios. Por eso, Dios puede darlo a otros, lo confiere. Honor-Gloria y Santidad se expresan en Is 6.1ss. Su gloria llena el templo y el coro de las huestes celestiales proclaman su Santidad (Is 6.3). Por esa condición Dios puede invertir los papeles propios de las colectividades humanas: "Levanta del polvo al pobre; alza del basurero al menesteroso, para hacerlo sentar con príncipes y heredar un sitio de honor. Porque de Jehová son las columnas de la tierra; él afirmó sobre ellas el mundo." (1 Samuel 2:8)

Ahora, cuando Santiago escoge la construcción "Señor nuestro Jesucristo de gloria" hace referencia a esa dimensión que es propia de Dios. Existe un antecedente a este punto de vista en el Segundo Testamento, precisamente en Pablo, en 1 Corintios 2.8: "(v. 7: Pero hablamos sabiduría de Dios en misterio, la sabiduría oculta que Dios predestinó antes de los siglos para nuestra gloria,) la cual ninguno de los poderosos de este mundo conoció, porque si la hubieran conocido, nunca habrían crucificado al Señor de gloria."

Lo que le da peso a esta frase en 1 Corintios 2.8 es el contexto global en donde se encuentra. La primera sección de la Primera Carta a los Corintios es delimitada por Irene Foulkes de 1.10-4.21 (Foulkes, 1996, pág. 70), igual Conzelmann (Conzelmann, 1975 (1969), pág. 30) (recomiendo leer esta sección aunque a primera vista no se encontrarán relaciones claras con Santiago). Betz y Mitchell construyen la primera sección de la carta de 1.18 a 4.21 (Betz, 1992). Como se puede ver existe un acuerdo básico sobre la extensión de la sección. Esto nos permite buscar elementos vinculados con Santiago en casi cuatro capítulos de 1 Corintios, pero también abre una puerta para ver relaciones significativas en el pensamiento de Pablo y el de Santiago.

El primer punto tiene que ver con la escogencia de Dios de aquellos que representan los estratos sociales más bajos de la sociedad greco-latina:

> Considerad, pues, hermanos, vuestra vocación y ved que no hay muchos sabios según la carne, ni muchos poderosos, ni muchos nobles; sino que lo necio del mundo escogió Dios para avergonzar a los sabios; y lo débil del mundo escogió Dios para avergonzar a lo fuerte; y lo vil del mundo y lo menospreciado escogió Dios, y lo que no es, para deshacer lo que es, a fin de que nadie se jacte en su presencia. Pero por él estáis ustedes en Cristo Jesús, el cual nos ha sido hecho por Dios sabiduría, justificación, santificación y redención, para que, como está escrito: "El que se gloría, gloríese en el Señor". (1 Cor 1.26-31)

> Hermanos míos amados, oíd: ¿No ha elegido Dios a los pobres de este mundo, para que sean ricos en fe y herederos del reino que ha prometido a los que lo aman? (Sant 2.5)

Los términos subrayados corresponden a la misma palabra griega. Tanto Pablo como Santiago construyen un contraste entre los sabios, poderosos y nobles/ricos que son quienes tienen preeminencia en el orden del mundo frente a lo débil, vil, menospreciado/pobres. Son estos últimos a quienes Dios elige. En ambos casos es Dios quien elige o escoge, no Jesucristo.

En 1 Corintios 1.29, 31 aparece el término gloriarse-jactarse que también aparece en Santiago vinculado, en este último, con la persona de condición humilde: "El hermano que es de humilde condición, gloríese en su exaltación;" (Santiago 1.9). También en 4.16: "Pero ahora os jactáis en vuestras soberbias. Toda jactancia semejante es mala." En referencia a los comerciantes que confían en su capacidad de hacer negocios olvidando que la confianza fundamental es Dios:

> ¡Vamos ahora!, los que decís: "Hoy y mañana iremos a tal ciudad, estaremos allá un año, negociaremos y ganaremos", cuando no sabéis lo que será mañana. Pues ¿qué es vuestra vida? Ciertamente es neblina que se aparece por un poco de tiempo y luego se desvanece. En lugar de lo cual deberíais decir: "Si el Señor quiere, viviremos y haremos esto o aquello". Pero ahora os jactáis en vuestras soberbias. Toda jactancia semejante es mala. (St 4.14ss)

Al evaluar el volumen de menciones del término jactarse/gloriarse en el Segundo Testamento, queda claro que es un término paulino:

- 1Cor 1.29 a fin de que nadie se jacte en su presencia.

- 1 Cor 1.31 para que, como está escrito: "El que se gloría, gloríese en el Señor".

- Ro 5.3 Y no solo esto, sino que también nos gloriamos en las tribulaciones, sabiendo que la tribulación produce paciencia;

- Ro 5.11 Y no solo esto, sino que también nos gloriamos en Dios por el Señor nuestro Jesucristo, por quien hemos recibido ahora la reconciliación.

- 1 Cor 4.7 porque ¿quién te hace superior? ¿Y qué tienes que no hayas recibido? Y si lo recibiste, ¿por qué te glorías como si no lo hubieras recibido?

- 2 Cor 5.12 No nos recomendamos, pues, otra vez a ustedes, sino os damos ocasión de gloriaros por nosotros, para que tengáis con qué responder a los que se glorían en las apariencias y no en el corazón.

- 2 Cor 10.17 Pero el que se gloría, gloríese en el Señor.

- 2 Cor 11.30 Si es necesario gloriarse, me gloriaré en lo que es de mi debilidad.

- 2 Cor 12.9 Y me ha dicho: "Bástate mi gracia, porque mi poder se perfecciona en la debilidad". Por tanto, de buena gana me gloriaré más bien en mis debilidades, para que repose sobre mí el poder de Cristo.

- Gal 6.14 Pero lejos esté de mí gloriarme, sino en la cruz de nuestro Señor Jesucristo, por quien el mundo ha sido crucificado para mí y yo para el mundo,

- Ef 2.9 No por obras, para que nadie se gloríe, (deuteropaulino)

- Flp 3.3 Nosotros somos la circuncisión, los que en espíritu servimos a Dios y nos gloriamos en Cristo Jesús, no teniendo confianza en la carne,

En estos casos la crítica realizada al gloriarse trata con la soberbia, es decir, en la confianza fundamentada en las propias fuerzas y capacidades, en el honor adscrito, en la arrogancia de su posición social. Pablo también se gloría, pero no en sus fuerzas y capacidad, o posición, sino en su debilidad. En ella Dios se ha hecho sentir y le ha honrado a través de la experiencia análoga con Cristo (Gá 6.14). Es importante indicar que en 1 Cor 1.29, Pablo cita a Jeremías 9.24: "Mas alábese en esto el que haya de alabarse: en entenderme y conocerme, que yo soy Jehová, que hago misericordia, juicio y justicia en la tierra, porque estas cosas me agradan, dice Jehová". Con esta cita de Jeremías se recupera el problema: actuar con justicia es conocer a Jehová. Eso significa actuar sin hacer "acepción de personas".

Cabe también agregar el texto de Odas de Salomón 3.10 (escrito judeocristiano de finales del siglo 1 y principios del 2, originalmente en siriaco), este pasaje muestra un lenguaje convergente con esta discusión y, además, utiliza el término jactarse en varias ocasiones:

> El Señor, débil hará a su adversario; el Señor es santo. No se gloríe/jacte el sabio en su sabiduría; y no se gloríe/jacte el poderoso en su poder; y no se gloríe/jacte el rico en su riqueza; sino que en esto gloríese/jacte, quien se gloriare/jactare: en saber y conocer al Señor, y hacer juicio y justicia en medio de la tierra. El Señor ascendió a los cielos y tronó; él juzgará los confines de la tierra; y siendo justo dará fuerza a nuestros reyes, y levantará el cuerno de su ungido.

El jactarse sería una acción que surge del conocer a Dios y de actuar como Dios: con justicia. De modo semejante a Pablo: quien se jacte/gloríe hágalo en el Señor.

Santiago 1.9: "gloriarse" en tensión con integridad

El llamado de Santiago 1.9 a "gloriarse en la exaltación" es un equivalente del pensamiento paulino. Pero en una línea muy cercana al texto que estudiamos (St 2.1ss): "El hermano que es de humilde condición, gloríese en su exaltación; pero el que es rico, en su humillación, porque él pasará como la flor de la hierba." (St 1.9-10)

Este último texto está entretejido en la discusión sobre la integridad. Pero esta temática es más evidente en la sección St 1.2-18. Trabajar un poco esta sección es importante porque lo que leemos en St 2.1ss es una manifestación clara de las personas de doble corazón. En el capítulo 1 de Santiago aparece la palabra que la Reina Valera traduce por "doble ánimo" y que en realidad significa "doble alma o doble vida". Para efectos de traer la traducción hasta nuestra cultura prefiero traducir el término como "doble corazón".

El tema es claro, se trata de una persona inconstante, que duda, que actúa sin integridad. El caso contrario lo señala Santiago en 1.4: "Pero tenga la paciencia su obra completa, para que seáis perfectos y cabales, sin que os falte cosa alguna." La cuestión es que la palabra traducida por "perfectos" no es otra cosa que integridad. La palabra que se traduce por "cabal" significa completo. Se hace referencia a la misma cosa: una condición de constancia y temple, de fuerza clara en la acción, una reserva de autenticidad. De esto hablamos cuando pensamos en integridad, identificamos las características de una persona justa. Santiago, como Pablo, construye una analogía entre Dios y la persona íntegra, lo hace aportando una imagen de Dios: "Toda buena dádiva y todo don perfecto desciende de lo alto, del Padre de las luces, en el cual no hay mudanza ni sombra de variación" St 1.17. Así, del mismo modo que, en el Padre de las luces no hay cambios ni variaciones, tampoco debe haberlas en las personas fieles a Dios.

Veamos esta dimensión de dualidad que critica Santiago en 1.2-18 a través de las siguientes imágenes en contraste con 1.17:

- v.6: "...porque el que duda es semejante al oleaje del mar, movido por el viento y llevado de una a otra parte".

- v.11: "sale el sol con fuerza y seca la hierba y su flor cae y se pierde su hermosa apariencia"

- v.17b: "...Padre de las luces en quien no hay cambio ni sombra de rotación". También debemos agregar en la personificación de la "concupiscencia" en el verso 14-15a.

Siguiendo estas imágenes debemos agregar una serie de palabras que refuerzan aspectos simbólicos relacionados con términos clave. Una de ellas es el término haplôs (hapax legomenon -que solo aparece una vez en el Segundo Testamento-) en el verso 5, traducido por "generosamente", y que tiene otra alternativa de traducción según Prov 10.9 (LXX) en donde se traduce con el sentido de rectitud: "Quién va derecho va seguro, quien va con rodeos es descubierto". P.H. Davids señala que existen estos dos rasgos en esta palabra, el primero "generosidad", el segundo: "simplemente", "sin reserva mental", "sin una mente dividida" (Davids 1982, 72-73). El opta por el segundo rasgo y está claro que este ("mente dividida") encaja perfectamente en el contexto, en especial si consideramos la comparación de las olas del mar que evoca el sentido de vacilación e inestabilidad. La traducción de 1.5 sería "más si alguno de ustedes carece de sabiduría, pídala de Dios el que da a todos sin una mente dividida y no avergüenza y la dará." Un dato importante es que el término que traducimos por "avergüenza" se ha traducido usualmente por "reprochar", sin embargo, el término se usa en Mt 5.11; 11.20; 27.44; 1Pe 4.14, pero el sentido como lo ha indicado Neyrey es de causar vergüenza, es decir, arrebatar el honor (Neyrey, 2005, pág. 258).

Así engarza también el verso 8 en donde aparece por primera vez la palabra dipsychos ("Doble alma/vida," y que yo traduzco como "persona de doble corazón") que expresa el sentido de dualidad e inconstancia. Dipsychos, entonces, haría referencia, por oposición, al v. 17b en donde se caracteriza a Dios como aquel en quien no hay cambio ni sombra de rotación. Se presentan así dos imágenes opuestas: por un lado, aquella de la inconstancia y lo perecedero y por el otro lado, la de constancia y permanencia.

Sintetizamos, de estas imágenes, la tensión entre /lo constante y firme/ y /lo perecedero e inconstante/ como modelos simbólicos de ser. Esto es clave si consideramos la relevancia del concepto dipsychos en el desarrollo del escrito sapiencial de Santiago.

En Santiago 1.2-4 quien escribe se refiere a una actitud que procede de la coherencia y consistencia de la fe en momentos críticos para sí mismo y la comunidad. El texto inicia aludiendo a quienes viven integradamente la fe con el propósito de formarlos para que no caigan en la dinámica de la persona de "doble corazón" (dípsychos lit. "doble alma, doble vida" v.8). Las pruebas fortalecen el carácter de la fe como resistencia o perseverancia (hypomonê) que debe tener "obras perfectas, para que seáis perfectos e íntegros sin (BJ 3) que nada les falte" (FM). Estos primeros versos tienen un marcado sentido pedagógico en donde la persona aprende por medio de las pruebas.

Sobre el término dokímion (medios de prueba) Dibelius-Greeven señalan:

> La aflicción es el lote de la persona piadosa podría ser deducido de la lectura de Sir 2.1. Sirácida (Eclesiástico) también ya sostiene esta noción con el motivo heroico del oro que es puesto a prueba en el fuego (Sir 2.5 cf. "medios de prueba" (dokímion) en nuestro pasaje), y de esta manera Sirácida llega a la simple visión pedagógica del sufrimiento, algo así como en el discurso de Elihu en Job 36.8ss o como en Prov 3.11ss. (Dibelius, 1988 (1920), pág. 71)

Agregan estos autores que este concepto de la pedagogía del sufrimiento cobró una mayor fuerza en el medio de las influencias estoicas. Continúan diciendo que 4Mac es la mejor evidencia para esto refiriéndose a 1.1 con la frase "la más alta búsqueda filosófica" en donde "la razón es el amo sobre las pasiones" (4Mac 1.13) (Dibelius, 1988 (1920), pág. 71). Peter Davids opina diferente en este último aspecto diciendo: "El gozo es la perspectiva adecuada para el momento en que se prueba la fe... Este gozo, sin embargo, no es el "desapegarse" del filósofo griego (4Mac 9-11), sino el gozo escatológico de quienes esperan la intervención de Dios al final de esta época (Jue 8.25). El sufrimiento es realmente experienciado como tal, pero es visto en la perspectiva de la Heilsgeschichte (Historia de Salvación). Es esta la perspectiva que Jesús dio a la iglesia en el Sermón del Monte (cf. también 2 Cor 8.2; 12.9)" (Davids P. , 1982, págs. 67-68).

Debo agregar que la perspectiva de Dibelius-Greeven sobre lo concerniente a la influencia de la filosofía y en particular del estoicismo puede añadir el acento en la relevancia del sufrimiento como proceso pedagógico. Pero a la vez, Davids tiene razón en cuanto a la perspectiva escatológica, sobre todo si pensamos en St 5.7ss. Pero aquí se impone una condición particular que es el concepto de sabiduría propiamente dicha como actitud contemplativa de la vida cotidiana con fines prácticos. La sabiduría no es en principio una forma de vivir el futuro sino el presente y un presente que se vive críticamente y cuya situación es crítica por su ambigüedad y complejidad. La tensión entre filosofía y sabiduría se puede resolver si entendemos la primera como una búsqueda de las causas últimas de la condición humana y del mundo, mientras que la sabiduría tiende a ir en dirección a la cotidianidad, a las contradicciones propias de la dinámica humana y cómo vivirlas para una existencia feliz.

Santiago busca formar a las personas para un presente en crisis y si en algunos lugares acentúa lo futuro esto también puede ser percibido como una recompensa dentro de un contexto presente: "Superada la prueba, recibirá la corona de la vida..." (St 1.12). Este recibir del verso 12 apunta no exclusivamente a un futuro lejano sino a un futuro inmediato después de la prueba. El acento es también el presente en donde la persona está siendo probada.

El vínculo entre St 1.2 y Eclesiástico 2.1 es claro y aceptado por los especialistas, sin embargo, tanto Dibelius-Green como Davids (este último cita incluso hasta el verso 6 de Eclesiástico 2), no van más allá en establecer que existe una relación entre estos dos textos. En mi opinión tenemos aquí un semillero de relaciones que incluyen la mención en ambos pasajes de tres palabras clave: peirasmoîs (prueba), dokímion (medios de prueba) e hypomone (resistencia, perseverancia). A nivel ideológico se nos ofrecen relaciones más profundas. Debemos poner atención al llamado de Eclesiástico 2 a tener confianza en Dios quien está cualificado por la misericordia y en quien se debe tener confianza por lo que el acento es enderezar los caminos-no desviarse-no ir por doble senda-guardar sus caminos. Es esta última dimensión la que parece expresar con mayor claridad el problema que también suscita St 1.2-18 entre la persona de doble corazón y la persona íntegra. En ambos textos se trata de expresar, a nivel más profundo, la cuestión de la actitud con la cual hacer frente a la prueba y de cómo está actitud debe estar fundamentada en un compromiso con la rectitud. El punto es la condición de perseverancia que debe tener quien asuma responsablemente el vivir confiadamente en Dios en tiempos de prueba.

Dibelius-Greeven explican el proceso evolutivo de estos versos (St 1.2-3) a partir del concepto de catenae ("Colecciones de interpretaciones reunidas sin un orden fijo en torno al texto bíblico en pequeñas perícopas" (Flor, 2000, pág. 30)). Indican que la lógica de esta forma retórica que desembocaría en la idea de los frutos que produciría la hypomone (perseverancia) concluye con una admonición por medio de la forma "tenga" (traducción del imperativo griego) (Dibelius, 1988 (1920), pág. 74) seguido de un subjuntivo haciendo del verso 4 un reto y no una consecuencia lógica y dada per se. El verso 4 supondría la meta por la cual se lucha al mismo tiempo que la crítica a los posibles desvíos de quien está sometido a la prueba. Entonces, la resistencia-perseverancia que producen los "medios de prueba" debe ser asumida en una práctica de "obras perfectas" para que dé como conclusión "perfección e integridad".

El problema al que parecen hacer referencia estos versos de Santiago es a la condición de dualidad que los seres humanos tenemos cuando nos enfrentamos a situaciones de peligro. Allí la necesidad de sobrevivencia puede conducir al doblez (doble ánimo, doble corazón), a la inconstancia, a la inconsistencia y consecuentemente a la falta de integridad. Se recupera, de este modo, el valor subyacente a quien hace "acepción de personas", el temor a los costos sociales de la integridad lleva a tomar malas decisiones y convierte un acto en blasfemia contra Dios (St 2.5-8).

Sobre la palabra dokímion, en la perspectiva de Santiago, podemos entenderla en dos formas: a. como la entiende la Biblia de Jerusalén como "calidad probada" y como b. "medios de probar algo" en particular oro, esto en el sentido de Eclesiástico 2.5 en donde el fuego es el medio para realizar la prueba. También en Pablo: "la obra de cada uno se hará manifiesta, porque el día la pondrá al descubierto, pues por el fuego será revelada. La obra de cada uno, sea la que sea, el fuego la probará." (1 Cor 3.13) Dibelius-Greeven optan por la segunda opción (Dibelius, 1988 (1920), pág. 73), igual piensa Davids. (Davids P. , 1982, pág. 69). La prueba es el medio para generar persistencia.

Prefiero esta traducción a la común "paciencia" y a la traducción más avanzada "resistencia" dado que el contexto exige un sentido activo. En ninguna de esas dos traducciones "paciencia" o "resistencia" se refleja un sentido de acción, por eso es mejor "perseverancia" que incluye ambas pero implica actividad constante. No se trata de que las pruebas sean un medio para crear aguante y/o tolerancia, todo lo contrario, las pruebas son el medio para formar una actitud más beligerante en la consistencia y coherencia de los valores que mueven a quienes son fieles. Este sentido proactivo proviene de la llamada de atención a la práctica de obras perfectas cuyo propósito es llevar a la integridad y a la no carencia, esta última es el tipo de debilidad que engendra el temor a la pérdida de estabilidad causada por la prueba. El sentido de sobrevivencia debe impulsar a la persona que cree hacia una práctica más fuerte en lo que cree y no a la mera tolerancia y el silencio. La perseverancia (hypomone) tiene aquí, como en la imagen del campesino en 5.7, el sentido doble de esperar el don de la lluvia lo que, al mismo tiempo, no evita el trabajo duro y el constante perseverar. Al contrario, los impulsan y promueven.

Esta cualidad de estar constituidos por un solo corazón que se realiza en la perseverancia es también una crítica de Pablo en Romanos:

> Todos los que sin la Ley han pecado, sin la Ley también perecerán; y todos los que bajo la Ley han pecado, por la Ley serán juzgados, pues no son los oidores de la Ley los justos ante Dios, sino que los que obedecen la Ley serán justificados. Cuando los gentiles que no tienen la Ley hacen por naturaleza lo que es de la Ley, estos, aunque no tengan la Ley, son ley para sí mismos, mostrando la obra de la Ley escrita en sus corazones, dando testimonio su conciencia y acusándolos o defendiéndolos sus razonamientos en el día en que Dios juzgará por medio de Jesucristo los secretos de los hombres, conforme a mi evangelio. Tú te llamas judío, te apoyas en la Ley y te glorías en Dios; conoces su voluntad e, instruido por la Ley, apruebas lo mejor; estás convencido de que eres guía de ciegos, luz de los que están en tinieblas, instructor de los ignorantes, maestro de niños y que tienes en la Ley la forma del conocimiento y de la verdad. Tú, pues, que enseñas a otro, ¿no te enseñas a ti mismo? Tú que predicas que no se ha de robar, ¿robas? Tú que dices que no se ha de adulterar, ¿adulteras? Tú que abominas de los ídolos, ¿cometes sacrilegio? Tú que te jactas de la Ley, ¿con infracción de la Ley deshonras a Dios?, pues, como está escrito: "El nombre de Dios es blasfemado entre los gentiles por causa de ustedes". La circuncisión, en verdad, aprovecha si guardas la Ley; pero si eres transgresor de la Ley, tu circuncisión viene a ser incircuncisión. Por tanto, si el incircunciso guarda las ordenanzas de la Ley, ¿no será considerada su incircuncisión como circuncisión? Y el que físicamente es incircunciso, pero guarda perfectamente la Ley, te condenará a ti, que con la letra de la Ley y la circuncisión eres transgresor de la Ley. No es judío el que lo es exteriormente, ni es la circuncisión la que se hace exteriormente en la carne; sino que es judío el que lo es en lo interior, y la circuncisión es la del corazón, en espíritu y no según la letra. La alabanza del tal no viene de los hombres, sino de Dios. (Ro 2.12-29)

> *Esta cita de Pablo muestra con claridad que, en su pensamiento, la integridad-completud es una cuestión de fondo, por demás significativa.*

Así, leer a Santiago junto a Pablo no es algo superficial, sino profundo. La argumentación de Pablo en el párrafo anterior nos ubica dentro del contexto de la integridad. Quienes sustentan su vida en la apariencia comenten un error frente a Dios, confían en aquello que es débil y se marchita (Santiago 1.11). Actúan en el campo de la injusticia.

Lo que pretendo indicar es que la construcción "señor de gloria" no es fortuita, ni una complejidad sintáctica, sino una posición ideológica que tanto Pablo como Santiago comparten. Jesucristo es el dador de gloria porque él mismo la ha recibido de Dios y a través de él nuestro honor ha sido restablecido de una manera subversiva. Fuera del honor adscrito, en las comunidades paulinas o la de Santiago (si es que existiera una específica), el honor que recuperamos de Dios en Jesucristo es el que cuenta.

La no acepción de personas: una subversión del contexto socio-cultural de Santiago y de Pablo

En resumen, "acepción de personas" tiene que ver con la cualidad de quien juzga: éste necesariamente lo hace desde la integridad de su experiencia en Dios. Dios que manifiesta su gloria sobre toda la tierra, la dona (Su Gloria) a quienes son fieles (íntegros), de un solo corazón. Así que, por analogía, quienes actúan en nombre de Dios asumen el camino de la integridad que no es otra cosa que una actitud justa que vindica a los pobres en un tipo de comunidad que no está dinamizada por los valores del mundo. Es apropiado y válido entender que Santiago con la construcción de "la fe del señor nuestro Jesucristo de gloria" expresa algo semejante a la epifanía de Dios en Isaías 6.1ss. La gloria de Dios, y en consecuencia de Jesucristo, se expresa en una atención cuidadosa por quienes el mundo excluye. Les honra, en contraposición con un mundo que les deshonra: "pero ustedes deshonraron al pobre" (St 2.6). Todo el leguaje es propio del contexto de uso de la palabra "gloria" como señalaba el Diccionario Teológico del Nuevo Testamento.

Desde mi punto de vista, la discusión sobre la posición sintáctica de "gloria" en Santiago 2.1, es innecesaria, debe permanecer tal y como se traduce literalmente. De ese modo queda plasmada la fuerza teológica del texto. La gloria de Dios, su Santidad y su poder se expresan en Jesucristo, señor de gloria y en las personas fieles, íntegras, que no hacen "acepción de personas". En este no hacer honran a Dios, al defender la honra de los pobres, actúan con Él:

- No hagáis distinción de persona en el juicio: tanto al pequeño como al grande oiréis. No tendréis temor de ninguno, porque el juicio es de Dios. La causa que os sea difícil, la traeréis a mí, y yo la oiré". Dt 1.17

- No trates de corromperle con presentes, porque no los acepta, no te apoyes en sacrificio injusto. Porque no cuenta para él la gloria de nadie. No hace acepción de personas contra el pobre y la plegaria del agraviado escucha. No desdeña la súplica del huérfano, ni a la viuda, cuando derrama su lamento. Eclesiástico 35.11-15

Me permito incorporar una perspectiva para leer a Pablo y que es evidente en Santiago en general y en la sección 2.1ss en particular. Se trata de la subversión de la estructura social dominante a través de la subversión de los valores dominantes. En ese sentido hablamos de espiritualidad y no de doctrina o teología. La espiritualidad es la forma como vivimos la experiencia de Dios en la cotidianidad. Y, la espiritualidad, tiene la característica de no amoldarse a las normas sociales o a los dogmas eclesiásticos. Ha sido muy común discutir estos temas oponiendo la perspectiva de Santiago a la de Pablo y por lo mismo, el acento se ha puesto en la confesión de fe: somos salvos por obras o por gracia. Pero cuando evitamos entrar en esta tensión y valoramos los datos tal y como se han expuesto hasta ahora, se puede identificar una relación estrecha entre Pablo y Santiago. Ambos muestran en su pensamiento la integración de la fe y la práctica transformadora en la práctica concreta de la persona fiel. El punto de vista de ambos escritores (también en el Cuarto Evangelio, Apocalipsis y los evangelios sinópticos), es un llamado al abandono de valores dominantes y excluyentes en pro de una comunidad o comunidades alternativas. R. Picket plantea con claridad la fuerza subversiva del pensamiento paulino:

> Como un apóstol cuya marca distintiva fue la debilidad, Pablo vivió las implicaciones sociales de la crucifixión de Cristo, y en este sentido la cruz puede ser vista como un símbolo que tiene el potencial de traer cambio social. Jonathan Z Smith argumenta que "el cambio social es preeminentemente símbolo o cambio simbólico", y que "la sociedad o cultura es preeminentemente la construcción de significancia y orden a través de la actividad simbólica". El rechazo de Pablo de las convenciones culturales Greco-Romanas, el abandono del status que tuvo, especialmente como un ciudadano romano, y el desbasamiento intencional que fue endémico a su idea de diaconía fueron todos acciones simbólicas que representaron una alternativa al grupo de valores y al orden social de la sociedad en general. Estas acciones simbólicas fueron legitimadas por el Cristo quien "fue crucificado en debilidad" (1 Cor 13.4). Para Pablo la cruz de Cristo fue un símbolo de trasformación subversiva de las nociones prevalentes de debilidad y poder, y honor y vergüenza. Como tal, eso fue, como observa Stephen Barton, "un potente símbolo para la formación comunitaria" proveyendo" una base para la identidad individual y comunal la cual fue bastante extraña a la contemporánea clasificación social". Pablo interpretó su propia debilidad en términos de la debilidad de la crucifixión con una perspectiva de implementación en la comunidad de Corinto de los valores simbolizados en este evento y encarnados en su propio apostolado. (Pickett, 1997, pág. 211)

La perspectiva de Santiago es convergente con lo dicho. Su manera de argumentar no puede ser llamada más que subversiva, transformadora de los valores sociales dominantes, crítica de los procesos de exclusión según las convenciones culturales. Aunque no encontramos en Santiago una alusión a Cristo crucificado, sí podemos identificar en la construcción "la fe del Señor nuestro Jesucristo de Gloria" un punto de vista espiritual acorde con Pablo. Cuando hablamos de la resurrección estamos haciendo la misma afirmación: el crucificado por los poderes del mundo es el resucitado. Para ambos autores Dios subvierte los valores que llevaron a los poderosos a crucificar a quien fue una persona justa. Para Dios la justicia de Jesús es suficiente como para revertir el veredicto de muerte dado por las autoridades. La resurrección es la afirmación cristiana de la justicia de Dios y una clave fundamental para la crítica a las estructuras de poder, a todas ellas, sin importar su retórica. En cuanto el poder actúa convergentemente con la injusticia y la exclusión, ese poder se opone a Dios. Es por eso que hacer "acepción de personas" se transforma en blasfemia, en un hablar mal contra Dios mismo (St 2.7).

En el verso 4 estamos ante el juicio contra quienes, en la práctica de la fe según Jesucristo de gloria, se han convertido en "jueces con malos criterios" y constituye el eje sobre el cual giran las dos secciones 2-3 y 5-7:

> ¿no han hecho una discriminación (injusta) por los temores o dudas que hay en ustedes mismos y, por eso, han llegado a convertirse en jueces con malos criterios"?

La pregunta sería ¿cuáles serían los buenos criterios? Los ya citados en Eclesiástico 35.11-15 y Dt 1.17. Entonces, ya que es la gloria de Dios de la cual emana el honor conferido a Jesús y al pobre y que se expresa en no hacer acepción de personas, luego, el "ustedes" que organiza la asamblea, debe darla a quien entra a ella con el vestido sucio.

Al no actuar de esta forma, sino que el "ustedes", presta atención al honor adscrito, visible en la ropa y el anillo, muestran la escisión interna con la que han asumido el papel de jueces. Esta conclusión proviene de la lectura de 1.6 en donde aparece la forma verbal que hemos traducido por "han hecho una discriminación". Allí se traduce por dudar que una de las acepciones de ese verbo griego: "Pero pida con fe, no dudando nada, porque el que duda es semejante a la onda del mar, que es arrastrada por el viento y echada de una parte a otra." (1.6) Verso que, como vimos antes se relaciona con 1.8: "un hombre de doble corazón, inconstante en todos sus caminos".

El dudar en 1.6 habla de una **división interna** (BJ nota a 1.8) más bien que de hacer discriminación. Por eso, la traducción más adecuada de 2.4a debe ser ¿no estáis escindidos en ustedes mismos...? En otras palabras, no tienen la fe que, por su consistencia e integridad, les permitiría cumplir con la Ley perfecta de la libertad (1.25) y practicar la religión "pura e intachable ante Dios el Padre: visitar a los huérfanos y a las viudas en su tribulación y conservarse incontaminado del mundo" (1.27). Esta escisión interna legitima una actitud que reproduce el principio de honor adscrito que estructura el cosmos social. El peso de una cultura claramente estratificada, en donde cada persona tiene un lugar y debe mantenerse en ese lugar, crea dudas a la hora de actuar dentro de una comunidad alternativa a la dominante.

Al traducir 2.4a como "no han hecho una discriminación (injusta) por los temores o dudas que hay en ustedes mismos" el resto del verso toma forma: la ruptura interna que genera ambivalencia y falta de compromiso con los valores fundamentales de la Ley perfecta de la libertad, hace que el "ustedes" actúe con criterios discriminatorios. La pregunta que emerge es ¿de dónde se alimenta tal ruptura?

Santiago da un paso más audaz en la sección 2.5-7, emparentada, como dijimos, con 2.2-3, oponiendo la fragilidad del esplendor del rico (1.11) a la fortaleza de la elección de Dios (2.5s): "¿No escogió Dios a los pobres según el mundo, ricos en fe y herederos del Reino, el cuál prometió a los que le aman?" En la frase griega, el autor ha encadenado los términos pobres según el mundo-ricos en fe-herederos del Reino por medio del uso del caso acusativo plural con artículo de "los pobres", entonces, las palabras "ricos" y "herederos" dependen de este artículo y se fusionan gramaticalmente como cualidades del concepto "pobres".

Esto hace que la declaración 2.6 sea realmente radical: "Más ustedes deshonraron al pobre". Aquí el concepto clave es deshonraron, pues, en la antigüedad, el honor, la honra suponen un valor primordial; en consecuencia, quitar el honor es, sin duda, destruir la vida de una persona. Recordemos con Bruce J. Malina el concepto de honor:

> El honor es el valor de una persona a sus propios ojos (que es, lo que uno reclama como dignidad) más el valor de la persona a los ojos de su grupo social. Honor es un reclamo de valor/dignidad junto con el reconocimiento social de ese valor/dignidad. (Malina B. , 1981, pág. 29)

Concepto de Honor.

Deshonrar sería, en consecuencia, arrebatar el valor/dignidad de una persona, reducirla a la nada social. El argumento de Santiago se vuelve con mucha fuerza contra el grupo que está contenido en el pronombre "ustedes". Este pronombre señala a quienes tienen el poder en la asamblea de asignar los lugares, de organizar el espacio sagrado. Por eso se trata aquí de los líderes de la comunidad de fe, para Santiago, los Maestros (3.1). Estos, por su ambigüedad, por su escisión interior (doble corazón), actúan de tal manera que reducen a los pobres a la nada, los despojan de una dignidad que, como indica el texto, es conferida por Dios: ellos son los escogidos. La misma palabra griega para "pobres" (pordiosero, mendigo) evoca a quienes piden o ruegan, pues en estas acciones muestran su carencia de medios de vida y se ven en la necesidad de mendigar. Se trata de señalar la situación de minusvalor social que los connota y de cómo este valor es subvertido en la comunidad de fe: allí los pobres tienen dignidad, honra; allí, son ricos en fe y herederos de un reino.

El orden del mundo queda "patas arriba" exponiendo su vientre, en total debilidad. El proceso de simbolización establece una inversión terrible para una cultura que se sirve de la estratificación social como medio para crear estabilidad. La subversión simbólica crea caos.

Las bases éticas y teológicas de la comunidad de fe suponen el reconocimiento del honor de los pobres. Por esto, el autor de Santiago considera que la acción del grupo "ustedes" atenta contra Dios mismo: "¿no blasfeman ellos (los ricos) el buen nombre que ha sido invocado sobre ustedes?" (2.7)

La frase "ustedes deshonraron al pobre" está construida en segunda persona del plural y como afirmación. Esta frase está rodeada de preguntas retóricas que inician con el adverbio "no", en donde la primera tiene como sujeto a Dios que elige a los pobres y las dos siguientes a los ricos que oprimen, arrastran y blasfeman el buen nombre (en este caso Dios). El esquema sería:

a. 2.5 ¿No escogió Dios a los pobres según el mundo...?

b. 2.6a (Si) Ustedes deshonraron al pobre.

a' 2.6b-7 ¿No los ricos os oprimen...? ¿No ellos blasfeman...?

Se oponen en esta sección la acción de Dios a las acciones de los ricos. La práctica del grupo "ustedes" de hacer acepción de personas los relaciona con las prácticas de los ricos. Por eso, el "ustedes" queda cuestionado en sus compromisos: ¿a quién sirven? Por otro lado, el autor le hace ver al "ustedes" que son los ricos quienes los oprimen y arrastran a los tribunales y blasfeman el buen nombre del cual recibe el "ustedes" su honor (gloria). Observen que el autor no pone al pobre como el objeto de las acciones de los ricos. En otras palabras, el "ustedes" es víctima del poder de los ricos. Pero, a pesar de su propia situación, no entienden que, precisamente, esa situación los debe llevar a descubrir la humillación de los pobres. Ante los ricos, ese "ustedes" es un pobre. Pero, el "ustedes" se presta, por su doble-corazón, al juego de la deshonra de los pobres. Entonces, ellos actúan igual que los ricos y, por lo tanto, también blasfeman a Dios. Si el texto opone Dios-ricos, el "ustedes" debe tomar partido, y ha tomado el equivocado si desea servir a Dios. La práctica del "ustedes" hacia los pobres los pone en oposición a Dios. Han escogido participar del honor (gloria) de los ricos y aceptan el honor adscrito de ellos para organizar la convivencia.

Blasfemar, hablar mal, aspectos sobre el chisme en el contexto de Santiago

Así, la cualidad "de gloria" que se confiere a Jesús es anulada en el corazón de la asamblea a través de la "acepción de personas". Al hacer eso también se deshonra a Dios y a Jesús. Entonces, así como los ricos blasfeman de Dios en sus actos, del mismo modo quienes asumen el honor de estos para establecer el orden de la comunidad también blasfeman. Cobra un valor singular nuestra observación acerca de la frase "quédate en pie o siéntate bajo mi estrado" (2.3). Las acciones discriminatorias hacen de los pobres los enemigos vencidos que, en la asamblea, deben ocupar el lugar que la sociedad les confiere, son polvo, nada social, no tienen honor, o bien, el honor conferido por Dios o Jesús que proviene de su gloria, no es considerado frente al honor adscrito. Se blasfema a Dios cuando, de algún modo, se cuestiona su honor. Esta primera subsección apunta en esa dirección: si se deshonra al pobre quien ha sido elegido por Dios, entonces, se deshonra a Dios. Pero, la blasfemia se constituye en idolatría, ya que la discriminación hace a aquel que discrimina un juez superior a Dios mismo:

> Hermanos, no se calumnien los unos a los otros. El que calumnia al hermano y juzga a su hermano, calumnia la Ley y juzga a la Ley; pero si tú juzgas a la Ley, no eres hacedor de la Ley, sino juez. Uno solo es el dador de la Ley, que puede salvar y condenar; pero tú, ¿quién eres para que juzgues a otro?
> St 4.11-12

Este pasaje del capítulo 4 recoge una línea de pensamiento en Santiago que, quizá, es la más usada en nuestras iglesias, ser trata del tema de la lengua, el chisme, la murmuración, la calumnia, la blasfemia. De especial atención es el capítulo 3 de Santiago. Este tema, aunque apunta a un fenómeno reconocido como dañino, no da cuenta de su significado real. El chisme es un instrumento esencial en sociedades en donde la vida pública está fuertemente separada de la vida privada, pero en el contexto de comunidades en donde la interconexión entre familias es muy fuerte (Rohrbaugh, 2007, págs. 128-129). Tal es el caso del mundo mediterráneo. Dado que el honor es el núcleo central de esta zona cultural, el chisme constituye un instrumento en el juego constante de ganar o perder honor. Una información secreta que se maneja en el interior de una familia puede salir a la luz pública a través del chisme y herir gravemente el honor de dicha familia.

Rohrbaugh indica:

> Los escritores antiguos enfatizan los aspectos negativos (del chisme). Pero el hecho es que el chisme tiene muchas

> Es muy importante considerar el chisme como una clave para entender las relaciones sociales del siglo primero en el Mediterráneo. No se trata de un tema moral, sino de una estrategia de vida, una manera de ser cultura. Más cercana a nosotros y nosotras de lo que quisiéramos aceptar. El chisme es propio de culturas con baja vida privada e interacciones sociales muy fuertes.

> funciones sociales, incluyendo algunas positivas. También tiene muchas causas. Ya hemos señalado algunas de estas, incluyendo la separación de los dominios privado y público, la relevancia intensa de la gente por el otro en el constante contacto cercano de la vida de la villa, y la intensa competencia por obtener reputación pública. En adición a estas, una causa primaria del chime es la simple necesidad práctica de enfocarse sobre el carácter de los individuos con quienes uno puede hacer toda clase de negocios. En las comunidades no alfabetizadas de la antigüedad, negocios, tratos, contratos, arreglos de venta, y cosas por el estilo no eran escritos. Si los arreglos orales pudieran no ser confiables, se tendrían serios problemas. Mantener etiquetas sobre cualquier cosa y sobre todo lo que sucede que pueda indicar de otros con quienes uno puede hacer negocios fue entonces un asunto básico de sobrevivencia. (Rohrbaugh, The New Testament in Cross-Cultural Perspective, 2007, pág. 131)

Aunque comentaristas como Davids (Davids P., 1982, págs. 168-169) señalan que se trata de una texto insertado en un contexto que no se vincula con este, el tema de la calumnia, desde el punto de vista del chisme expuesta por Rohrbaugh, muestra que sí tiene que ver, es parte de la sobrevivencia en los negocios, o en las diversas relaciones entre la comunidad. También, la relación entre calumnia y juicio debe entenderse como parte de la comprensión del Primer Testamento sobre el hablar bien o mal de otra persona frente a la comunidad en un proceso de evaluación colectiva (no quisiera decir judicial porque el concepto no es apropiado para este contexto): el falso testigo.

Mundle incluye en su artículo sobre blasfemia, el estudio del término calumnia/calumniar y el término injuria/injuriar (Coenen, 1985, págs. Vol. I 184-187). Se trata de un mismo campo semántico, de un mismo fenómeno y como tal debe entenderse que, aparte de su utilidad social, el chisme es una forma de degradar, de arrebatar el honor de otro. Rohrbaugh contabiliza 58 términos que configuran el campo semántico relacionado a chisme en el Segundo Testamento (Rohrbaugh, The New Testament in Cross-Cultural Perspective, 2007, págs. 135-138). Este volumen de términos apunta a la importancia del chisme dentro de la vida comunitaria del Segundo Testamento.

La cercanía del capítulo 3 de Santiago con Sabiduría 1.1-16 es evidente y relaciona la injusticia con el hablar/la lengua, pero también, y sobre todo con la sabiduría, tema central en Santiago. Debe notarse que mientras Santiago pone el énfasis en la persona de doble corazón, en el texto de Sabiduría el acento es sobre el corazón íntegro (el corazón que es uno solo) usando la palabra que tradujimos en St 1.5: "sin una mente dividida". Veamos la reflexión de Sabiduría, texto en el que he subrayado los términos que tienen que ver con el campo semántico del chisme:

> Amad la justicia los que juzgan la tierra, pensad acerca del Señor con bondad y con corazón integro buscadlo. Porque él encontrará a los que no lo prueban y se manifiesta a los que no desconfían de Él. Pues los

pensamientos perversos separan de Dios, y el poder poniendo a prueba, reprueba a los insensatos. Porque en la <u>persona engañosa</u> no entrará la Sabiduría, ni habitará en cuerpo sometido al pecado. Pues la enseñanza del espíritu santo huirá del <u>engaño</u> y escapará de pensamientos insensatos y será avergonzado cuando venga la injusticia. Pues ama al ser humano el espíritu de la sabiduría y no dejará sin castigo <u>los labios del blasfemo/calumniador</u> y de sus riñones/mente testigo es Dios y de su corazón guardián de la verdad y de su <u>lengua</u> oidor. Porque el espíritu del Señor ha llenado a la humanidad y el que tiene unidos todos los conocimientos tiene voz. Por esto <u>quien hable injusticia</u> de ningún modo escapará, de ningún modo hará caso omiso, cuando la justicia le avergüence. Pues las deliberaciones del impío cuidadosamente examinadas serán y sus palabras oídas por el Señor, tendrá para prueba de sus <u>transgresiones/maldades</u>. Porque oído celoso escucha todas las cosas y el ruido de las murmuraciones no es mantenido en secreto. Guárdense, entonces, de las <u>murmuraciones inútiles</u> y de la <u>calumnia</u>, refrenad la <u>lengua</u> que el sonido más secreto vacío no irá y <u>la boca que habla falsedades</u> destruye la vida. No celéis la muerte con los errores de vuestra vida, no atraigáis con las obras de vuestras manos. Que Dios la muerte no hizo, ni ser regocija sobre la destrucción de los vivientes. Creó pues para existir todas las cosas, y sanas las generaciones del mundo y no hay en ellas veneno que destruya ni reino del Hades sobre la tierra. La justicia es inmortal. Mas <u>los impíos con sus manos y sus palabras</u> llaman a ella (la muerte) amiga, considerándola son consumidos, pacto pusieron ante ella, porque valiosos son de aquella ser parte. (Sabiduría 1.1-11)

Entonces, la discusión de fondo tanto en este texto de Sabiduría como en Santiago 3 (especialmente 3.13-18) es la sabiduría, que se mostrará en una manera de vivir íntegra y a través de la bendición del otro:

> ¿Quién es sabio y entendido entre vosotros? Muestre por la buena conducta sus obras en sabia mansedumbre. Pero si tenéis celos amargos y rivalidad en vuestro corazón, no os jactéis ni mintáis contra la verdad. No es esta la sabiduría que desciende de lo alto, sino que es terrenal, animal, diabólica, pues donde hay celos y rivalidad, allí hay perturbación y toda obra perversa. Pero la sabiduría que es de lo alto es primeramente pura, después pacífica, amable, benigna, llena de misericordia y de buenos frutos, sin incertidumbre ni hipocresía. Y el fruto de justicia se siembra en paz para aquellos que hacen la paz. Santiago 3.13-18

Para la reflexión que desarrollo aquí 3.8-12 resulta importante:

> pero ningún hombre puede domar la lengua, que es un mal que no puede ser refrenado, llena de veneno mortal. Con ella bendecimos al Dios y Padre y con ella maldecimos a los hombres, que están hechos a la semejanza de Dios. De una misma boca proceden bendición y maldición. Hermanos míos, esto no debe ser así. ¿Acaso alguna fuente echa por una misma abertura agua dulce y amarga? Hermanos míos, ¿puede acaso la higuera producir aceitunas, o la vid higos? Del mismo modo, ninguna fuente puede dar agua salada y dulce. Santiago 3.8-12

La contradicción se da cuando de una misma boca surge la bendición para Dios y la maldición para los seres humanos hechos a semejanza de Dios. Lo que se espera es que la comunidad asuma el camino de la sabiduría como camino de integridad y, en el contexto de esta discusión, como bendición para el otro. "Pero ustedes deshonraron al pobre... ¿no son ellos los que blasfeman el buen nombre que es invocado sobre ustedes?" (2.6a y 7). Así, la deshonra del pobre es blasfemia contra el buen nombre y por eso, quien así juzga se transforma a sí mismo en un dios.

Esta visión de Santiago lleva el problema de la "acepción de personas" al nivel teológico: ¿a qué Dios servimos? El espacio sagrado, la asamblea, la reunión de la comunidad de fe, que debe ser espacio de adoración a Dios se transforma, por la "acepción de personas", en espacio de blasfemia. Las acciones de las personas, guiadas por malos criterios, hacen del espacio sagrado un lugar idólatra. En este sentido, Santiago señala, en otro lugar, hablando sobre la lengua esta contradicción: "Con ella (la lengua) bendecimos al Señor y Padre y con ella maldecimos a los hombres, hechos a imagen de Dios; de una misma boca proceden la bendición y la maldición" (St 3.9-10). De esta manera, se aclara aún más el sentido de tener un "doble-corazón" y es de esa escisión interna de donde surgen los malos criterios de los jueces.

¿Qué lleva al "ustedes" a tener la fe en acepción de personas? La respuesta puede valorarse a la luz de 2.6 y 7. Allí se caracteriza a los ricos como aquellos que oprimen y arrastran a los tribunales. Ambas acciones manifiestan una forma de ejercer el poder y de reducir por la fuerza al oponente o al deudor. El verso 7 habla de blasfemar, lo que parece indicar que el referente básico de la comunidad de fe, que es el Dios que no "hace acepción de personas", no sirve como control frente a las prácticas de quienes tienen el poder. El hecho de que el "ustedes" sea el objeto de las acciones de los ricos en esta sección, indica cierta relación de subordinación establecida con base en el temor. En otras palabras, el "ustedes" se siente indefenso frente a este grupo y termina por ceder a su forma de organizar el orden del mundo. Esto nos lleva, nuevamente, al concepto de "doble corazón". Esta actitud es inversa a aquella de quienes se habla en el capítulo 1 de Santiago. La prueba que lleva a la integridad se rechaza. No hay prueba porque no se procesa el conocimiento, el cual no es otra cosa que el cultivo de la integridad en la perseverancia o persistencia en la fidelidad a Dios.

Estudio de sección B´: Santiago 2.8-12

a. 8.	Si realmente la <u>ley real</u> cumplen según la escritura:

"Amarás al prójimo tuyo como a ti mismo"

hacen **bien**.

    b. 9.	Pero si hacen acepción de personas

    pecado cometen

    y quedan convictos por la <u>ley como transgresores</u>.

        c.	10. Pues quien toda la <u>ley</u> guarda

        y falta en uno,

        llega a ser de todos <u>culpable</u>.

    b´.11.	Pues el que dijo: "No adulterarás", dijo también "no matarás"

    más si no adulteras, pero matas

    llegas a ser <u>transgresor de la ley</u>

a. 12.	Así hablen y así hagan como (quienes) por la <u>ley de la libertad</u> están a punto de ser juzgados

Como se puede apreciar esta sección se organiza a partir de cinco menciones de la palabra ley: 2.8: ley real; 2.9: quedan convictos de la ley como transgresores; 2.10: quien toda la ley guarda y falta en uno llega a ser de todos culpable; 2.11: llegas a ser transgresor de la ley; 2.12: ley de la libertad. Así como por dos menciones de la palabra "transgresor". El eje central es 2.10. El verso 2.4 había señalado con claridad que el hacer acepción de personas es hacer una discriminación por los temores o dudas que llevan adentro y que por eso se habían convertido en jueces con malos criterios. Pues en esta sección, la ruptura de la ley real: amarás a tu prójimo como a ti mismo es hacer acepción de personas y que, al romper un precepto, se quiebra toda la ley.

pues quien toda la ley guarda y falta en uno
llega a ser de todos culpable (St 2.10)

La ley, como Dios mismo, es íntegra, no se rompe en partes. La ley connota unidad, integridad, un cosmos de valores, que aquí se caracteriza con el precepto "Amarás a tu prójimo como a ti mismo". Y que, a la vez, se vuelven contra la persona de doble-corazón. El principio, en consecuencia, es que un acto contra un solo precepto de la ley quiebra su unidad y quien lo hace no puede defenderse alegando cuántos otros preceptos guarda; por lo tanto, es culpable de actuar contra todos. La palabra clave aquí es *enojos* (culpable) en 2.10, sobre la cual el Diccionario Teológico del Nuevo Testamento señala que se trata de lenguaje judicial y en los LXX se menciona preferentemente con relación a alguien que, por un hecho de sangre, es condenado a muerte. También apunta que en la misma línea aparece en el Nuevo Testamento, por ejemplo en Mateo 5.21. La condena a muerte de Jesús se construye con esta palabra griega. (Coenen, 1985, pág. 387) La palabra *enojos* es el veredicto. Las implicaciones son claras, las acciones hechas contra los pobres y caracterizadas como "acepción de personas" rompen con el precepto de "amarás a tu prójimo" y quienes han actuado con base en "criterios malos" son condenados por homicidio.

Lo interesante de esta segunda sección se desprende del horizonte propuesto por el verso 11. Allí se señala lo que decíamos arriba, la integridad de la ley depende de la integridad de Dios: pues el que dijo "no adulterarás" también dijo "no matarás". Ambos preceptos se integran, son uno, gracias a que han sido dichos por el Uno.

Una dimensión más rica de matar y adulterar se puede ver en las secciones 4.1-13 y 5.1-6. Por el tamaño de esta sección no podemos detenernos suficiente en ella, pero veamos algunos aspectos importantes para esta reflexión. Establezcamos los vínculos entre 2.1-13 y 4.1-13 observando el vocabulario. Estos son los únicos dos lugares en donde las palabras adulterar y matar aparecen en Santiago. De igual manera sólo en 2.8 y 4.12 aparece la palabra prójimo. Así mismo, la palabra ley y su derivado "legislador", aparecen once veces en Santiago, una vez en 1.25 - verso que guarda estrecha relación con 2.12 (Ley de la libertad) - cinco veces en la sección 2.1-13 y cinco veces en 4.11-12, aquí con relación a la palabra "juicio". También aparece en esta sección (4.8) la palabra que se traduce "irresoluto" (doble-corazón) en 1.8 y que anteriormente vinculamos ampliamente con la sección 2.1-13.

La palabra "adúlteros" en 4.4 apunta, como bien dice la Biblia de Jerusalén en la respectiva nota, "hacia la imagen tradicional de Israel, esposa infiel de Yahvéh" (Os 1.2). El verso 4 plantea el conflicto irreconciliable entre dos lealtades: la amistad con el mundo versus la amistad con Dios. En eso consiste el centro de la cuestión: ¿a quién servimos? Aparece así el tema de la idolatría, que señalamos como tema muy significativo de la sección anterior.

El verbo "matar" muestra en 4.2 la fuerza destructiva de la codicia o concupiscencia *(epithumia)* que debemos entender como producto de la amistad con el mundo. La palabra "adúlteros" valora los hechos apuntados en 4.1-3. Por esta razón, la palabra "irresolutos" (doble corazón), en 4.8, pasa de ser una cuestión meramente "sentimental", como es interpretada desde el púlpito algunas veces, y se constituye en fuerte crítica de una actitud concreta de grupos sociales específicos. Los de doble-corazón, no sólo son aquellos que ceden los principios de fe frente al temor a la represión de los poderosos, sino también aquellos que viven escindidos, que matan, hacen la guerra o piden, con la intención de malgastar en sus pasiones (4.1-3).

Pero aquí debemos establecer una relación entre estos de doble corazón en 4.8-9 con los ricos de 5.1, lo cual es fácil si observamos que hay coincidencia de vocabulario. El vínculo más obvio es el verbo "llorar" en imperativo aoristo en ambos textos y las palabras traducidas por la Biblia de Jerusalén como "lamentad vuestras miserias" en 4.9 y "desgracias" en 5.1. Estas dos últimas tienen una raíz común y sólo se diferencian en la forma gramatical; la primera es un verbo y la segunda es un sustantivo. Esta vinculación nos vuelve a poner en el contexto de 2.1-13. Allí son los ricos los que oprimen. En 5.1-6 se muestra la forma cómo los ricos han acumulado su riqueza, la cual está pudriéndose. Este poder que confiere la riqueza se alimenta de la vida de los obreros a quienes se les ha quitado su único medio de vida: el salario. En 5.6 se llega a la nefasta conclusión: los ricos condenaron y mataron al justo.

Esto nos devuelve a 4.11-12. La polémica sobre la ley tiene que ver con el poder de los "irresolutos" de constituirse en jueces y pasar por encima de la ley. El verso 12 afirma que ese poder es propio del Legislador, clara indicación de Dios, el cual es el Uno. Entonces, plantea 4.11: "El que calumnia a un hermano o juzga a su hermano calumnia la Ley y juzga a la Ley; y si juzgas a la Ley, ya no eres un cumplidor de la Ley, sino un juez". En otras palabras, se invierten los papeles y el ser humano de doble-corazón con poder (a diferencia de los de doble-corazón que se sugieren en 2.1-13) termina suplantando a Dios, constituyéndose él mismo en Dios-Juez con derecho sobre la vida y la muerte. Este es el caso de 5.6. Al no pagarle al obrero el jornal del día se le da sentencia de muerte.

Esta dinámica inhumana y destructiva que nos presentan las secciones 4.1-13 y 5.1-6, muestran una manera de ejercer el poder, de utilizarlo en pro de alimentar la codicia *(epitumia)*. Este último concepto expresa una pasión que va más allá del desear algo. Es obvio que 4.1-3 indica el grado de violencia y egoísmo que contiene esa pasión. Tal vez esto sea el llamado de atención que el autor nos hace en 1.27 al exhortarnos a conservarnos incontaminados del mundo. Se opone a este concepto, que traducimos aquí por codicia, el corazón de la ley de la libertad: "Amarás a tu prójimo como a ti mismo" (2.8).

> Existe una fuerte relación entre riqueza y codicia, así como entre riqueza y robo en el Mediterráneo del Siglo primero.

Una nota importante la formula Bruce Malina al indicar que "en el Mediterráneo oriental, rico o acaudalado, como regla, significa avaricioso, o gente codiciosa, mientras que pobre se refiere a personas apenas capaces de mantener su honor o dignidad. En consecuencia, las palabras no son opuestas y realmente se refieren a dos cualitativamente diferentes esferas. Secundariamente, en contextos no morales, el acaudalado fue contrastado con el necesitado en términos de acceso y control de las necesidades de vida que eran posibles para cada uno. El problema moral fue la perversidad esencial de los opulentos quienes escogen servir a la codicia en lugar de a Dios. La narración del joven codicioso apunta a cuán fácil eso podía ser (Mt 19.13-22). Sería más fácil para un camello pasar a través del pequeño ojo de una aguja a que lo lograra el joven codicioso (Mt 1.25). Por otro lado, el indefenso y el débil son declarados honorables, para ellos hay acceso al reino de Dios que está a punto de venir." (Malina B., 2001, pág. 98) Así que la discusión sobre la integridad toma forma cuando la oposición se da entre el mundo-la codicia (St 4.4, 13) y la confianza en Dios (St 4.7-10, 15). Entonces, Santiago 4.6 dice, citando Proverbios 3.34 (LXX): "Dios a los soberbios resiste y a los humildes da gracia". El pasaje recupera una línea de pensamiento que aparece en el Primer Testamento (seguimos la versión de los Setenta) contra la soberbia, y esta implica esta dualidad propia de la persona de doble-corazón (ver también Mat 6.19-21; 24-25 par. Lc 16.13). ¿A quién servir a Dios o a las riquezas? Veamos los versos en donde aparece dentro de este contexto la palabra traducida por soberbia (orgullo, altivez):

Sal 18.27: porque tú salvarás al pueblo afligido y humillarás los ojos altivos.

Sal 94.2: ¡Engrandécete, Juez de la tierra; da el pago a los soberbios!

Sal 101.5: Al que solapadamente difama a su prójimo, yo lo destruiré; no sufriré al de ojos altaneros y de corazón vanidoso.

Sal 119.21: Reprendiste a los soberbios, los malditos, que se desvían de tus mandamientos

Sal 119:51: Los soberbios se han burlado mucho de mí, pero no me he apartado de tu Ley.

Sal 119.69: Contra mí forjaron mentira los soberbios, pero yo guardaré de todo corazón tus mandamientos.

Sal 119.78: Sean avergonzados los soberbios, porque sin causa me han calumniado; pero yo meditaré en tus mandamientos.

Sal 123.4: Hastiada está nuestra alma de la burla de los que están satisfechos, y del menosprecio de los soberbios.

Sal 140.5: Me han tendido lazo y cuerdas los soberbios; han tendido red junto a la senda; me han puesto lazos. Selah

Odas de Salomón 9.51: Hizo fuerza con su brazo, destruyó a los soberbios en sus corazones.

Job 38.15: mas la luz les es quitada a los malvados y el brazo enaltecido es quebrantado.

Job 40.12: Mira a todo soberbio y humíllalo, y destruye a los impíos dondequiera que estén

Isaías 1.25 (LXX): Traeré sobre ti mi mano y te quemaré para purificación y destruiré las desobediencias, quitaré todas las injusticias de ti, y todas las soberbias humillaré.

Isaías 2.12: Porque el día de Jehová de los ejércitos vendrá sobre todo soberbio y altivo, sobre todo lo arrogante, y será abatido

Isaías 13.11: Castigaré al mundo por su maldad y a los impíos por su iniquidad; haré que cese la arrogancia de los soberbios y humillaré la altivez de los tiranos.

Isaías 29.20: terminaré al injusto y destruiré al soberbio y serán destruidos los que hacen injusticia

Eclesiástico 3.28: para la adversidad del orgulloso no hay remedio pues la planta del mal ha echado en él raíces.

Eclesiástico 13.1: el que toca al pez se mancha, el que convive con el <u>orgulloso</u>, se hará como él.

Eclesiástico 13.20: Abominación para el <u>rico</u> es la humildad, así para el rico es abominación el pobre

Eclesiástico 21.4: El terror y la violencia arrasan la riqueza, así quedará arrasada la casa del <u>soberbio</u>.

Eclesiástico 23.8: Por sus labios es atraído el pecador, el maldiciente, el <u>soberbio</u> caen por ellos.

Proverbios 3.34 (LXX): El Señor a los <u>arrogantes</u> resiste y a los humildes da gracia.

Salmos de Salomón 2.31: El que me levanta para Gloria, también pone a dormir al <u>soberbio</u> para destrucción eterna en deshonor, porque ellos no lo conocieron.

Lucas 1.51: Hizo proezas con su brazo; esparció a los <u>soberbios</u> en el pensamiento de sus corazones.

2 Timoteo 3.2: Habrá hombres amadores de sí mismos, avaros, vanidosos, <u>soberbios</u>, blasfemos, desobedientes a los padres, ingratos, impíos,

1 Pedro 5.5: Igualmente, jóvenes, estad sujetos a los ancianos; y todos, sumisos unos a otros, revestíos de humildad, porque "Dios resiste a los <u>soberbios</u>, y da gracia a los humildes".

Estas citas apuntan a diversas acciones: el enriquecimiento, el incumplimiento de la ley, el irrespeto, el calumniar, el hacer injusticia. Todas ellas son actos que se oponen a Dios. Tal oposición resulta en la humillación, y el deshonor del soberbio. Mientras que, por el contrario, el afligido, quien cumple la ley, recibe exaltación de parte de Dios, esta es la actitud correcta que enmarca el camino de la persona justa, la cual confía en Dios. El mejor ejemplo que resume lo dicho hasta aquí es Eclesiástico 3.28b: "la planta del mal ha echado raíces en él". Esta tradición supone un fuerte acento en la justicia como camino de Dios y como camino de la persona justa.

El Salmo 94 tiene fuertes vínculos con esta sección de Santiago. El término "soberbios/altivos/arrogantes" que aparece en St 4.6 aparece también en Salmo 94.2. En el texto el Salmo que sigue he subrayado los términos que aparecen en Santiago, leemos el texto de la Septuaginta (Que es la versión en griego del Primer Testamento con ampliaciones):

> ¡Jehová, Dios de las venganzas, Dios de las venganzas, muéstrate! ² ¡Engrandécete, Juez (2.12; 4.11, 12; 5.6) de la tierra; da el pago a los <u>soberbios (St 4.6)</u>! ³ ¿Hasta cuándo <u>los pecadores</u>, hasta cuándo, Jehová (Señor, St 1.1, 7; 2.1; 3.9; 4.10, 15; 5.4, 7, 8, 10, 11, 14, 15), <u>se gloriarán-jactarán</u> (St 1.9; 4-16) <u>los pecadores</u> (St 4.8; 5.20)? ⁴ ¿Hasta cuándo pronunciarán, hablarán (St 1.19; 2.12; 5.10) <u>cosas duras</u> (injusticia St 3.6) y <u>se gloriarán-jactarán</u> todos los que hacen maldad? ⁵ A tu pueblo, Jehová, <u>quebrantan</u> (St 4.10) y a tu

heredad afligen. ⁶ A la viuda y al extranjero matan y a los huérfanos quitan la vida.(St 1.27) ⁷ Y dijeron: "No verá Jah, no lo sabrá el Dios de Jacob". ⁸ ¡Entended, necios del pueblo! Y vosotros, insensatos, ¿cuándo seréis sabios? ⁹ El que hizo el oído, ¿no oirá? El que formó el ojo, ¿no verá? (St 1.23, 24) ¹⁰ El que castiga a las naciones, ¿no reprenderá (St 2.9)? ¿No sabrá el que enseña al hombre la ciencia? ¹¹ Jehová conoce los pensamientos de (St 2.4) los hombres, que son vanidad (St 1.27). ¹² Bienaventurado (1.12, 25) el hombre a quien tú, Jah, corriges, y en tu Ley (St 1.25, 2.8, 9, 10, 11, 12; 4.11) lo instruyes ¹³ para hacerlo descansar en los días de aflicción, en tanto que para el impío (St 4.8; 5.20) se cava el hoyo. ¹⁴ No abandonará Jehová a su pueblo ni desamparará su heredad, ¹⁵ sino que el juicio (St 2.13; 5.12) será vuelto a la justicia (St 1.20; 2.23; 3.18) y en pos de ella irán todos los rectos de corazón (St 1.26; 3.14; 4.8; 5.5, 8). ¹⁶ ¿Quién se levantará por mí contra los malignos? ¿Quién estará por mí contra los que hacen (St 1.20; 2.9) maldad? ¹⁷ Si no me ayudara Jehová, pronto moraría mi alma (St 1.21; 5.20) en el silencio. ¹⁸ Cuando yo decía: "Mi pie resbala", tu misericordia St 2.13; 3.17), Jehová, me sostenía. ¹⁹ En la multitud de mis pensamientos íntimos, tus consolaciones alegraban mi alma (LXX: "Señor, la cantidad de penas en mi corazón, las consolaste tu, amaste (St 1.12; 2.5, 8) mi vida"). ²⁰ ¿Se juntará contigo el trono de la maldad que hace el agravio en forma de ley? ²¹ Se juntan contra la vida del justo y condenan la sangre inocente (St 5.7). ²² Pero Jehová me ha sido por refugio y mi Dios por roca de mi confianza. ²³ Él hará volver sobre ellos su maldad y los destruirá (St 4.14: desvanece) en su propia malicia. Los destruirá Jehová, nuestro Dios.

He subrayado el verso 21 del Salmo por la convergencia que tiene con Santiago 5.6: "Habéis condenado y dado muerte al justo, sin que él os haga resistencia." Hans-Joachim Kraus comenta sobre los versos 20 al 23 del Salmo 94:

> El verso 20 llega a la raíz de las aflicciones y problemas, el trono de la perdición es la "sede el juicio" (Sal 122.5), del que procede la perdición. Se piensa en la perdida y corrupta administración de justicia, de la que se habla claramente en los versos 6 y 21. Pero, como en el A.T. toda administración de justicia se halla anclada en el orden fundamental de que el juicio es de Dios (Dt 1.17, se pregunta el justo, al verse atacado, si también el tribunal cargado de injusticia y violencia tiene comunión con Yahvé. El verso 20b confirma que es correcta esta interpretación del texto. "Calamidades" es lo que originan las instituciones que corrompen el derecho y asientan la injusticia. Al justo se le persigue insidiosamente, y personas inocentes son condenadas a muerte. Y entonces, en el verso 22, es cuando se hace referencia al poder salvador de Yahvé. En él encontró refugio el orante (cf. Sal 18.3s). Los conceptos e imágenes del v. 22 apuntan hacia la función del santuario de prestar asilo y protección. Las palabras de confianza del v. 22 se convierten luego, en el v. 23, en expresiones de firme certeza. Yahvé aniquilará a los malvados. Y, así, el testimonio existencial de los v. 16-23 documenta en forma paradigmática y didáctica el macarismo (bienaventuranza) y la promesa de los versos 12-15. (Kraus, 1995)

Entonces, leer ambos pasajes de Santiago juntos, ayuda a profundizar en los alcances del sentido de 2.8-12. Aun si el "ustedes" del capítulo 2 no mata o adultera, los ricos mencionados en el capítulo 2, que les arrastran a los tribunales, sí lo hacen. Ellos, los ricos, son el corazón el mundo del cual hay que permanecer incontaminados (St 1.27) y que ocupa un lugar clave en el capítulo 4: "¡Adúlteros!, ¿no sabéis que la amistad del mundo es enemistad contra Dios? Cualquiera, pues, que quiera ser amigo del mundo se constituye en enemigo de Dios." (St 4.4). El principio del amor al prójimo es fracturado una y otra vez, con él se rompe también la unidad de la ley y la Unicidad de Dios, este es el camino de la persona de doble-corazón, en consecuencia, la integridad, es el valor que Santiago apunta como propio de la persona que sigue el camino de Dios,.

Como vimos al final del estudio de la sección anterior, en 4.11 aparece el verbo kalaleō (hablar mal hablar contra, calumniar, a veces se traduce por murmurar) que recoge un conjunto de prácticas relativas al chisme como proceso social en comunidades en donde el honor de una persona es la base para el desarrollo de la vida cotidiana. Estas acciones son también parte de quienes son soberbios (Sal 101.5; 119.51, 69, 78; 123.4; 140.5). Este verbo no es común en el ST, solo aparece en Santiago 2.11 (tres veces) 1Pe 2.12; 3.16: "Tened buena conciencia, para que en lo que murmuran de vosotros como de malhechores, sean avergonzados los que calumnian vuestra buena conducta en Cristo." (1Pe 3.16). Pero tampoco es común en el PT. En casi todas las menciones de este verbo Dios es el objeto de ese hablar mal o hablar contra:

Nú 12.8: Cara a cara hablaré con él, claramente y no con enigmas, y verá la apariencia de Jehová. ¿Por qué, pues, no tuvisteis temor de hablar contra mi siervo Moisés?".

Nú 21.5: y comenzó a hablar contra Dios y contra Moisés: "¿Por qué nos hiciste subir de Egipto para que muramos en este desierto? Pues no hay pan ni agua, y estamos cansados de este pan tan liviano".

Nú 21.7: Entonces el pueblo acudió a Moisés y le dijo: "Hemos pecado por haber hablado contra Jehová y contra ti; ruega a Jehová para que aleje de nosotros estas serpientes". Moisés oró por el pueblo,

Sal 78.19: Y hablaron contra Dios, diciendo: "¿Podrá poner mesa en el desierto?

Sal 101.5: Al que solapadamente difama a su prójimo, yo lo destruiré; no sufriré al de ojos altaneros y de corazón vanidoso.

Sal 119.23: Príncipes también se sentaron y hablaron contra mí; mas tu siervo meditaba en tus estatutos,

Job 19.3: Ya me habéis insultado diez veces, ¿no os avergonzáis de injuriarme?

Oseas 7.13: "¡Ay de ellos! porque se apartaron de mí; destrucción vendrá sobre ellos, porque contra mí se rebelaron. Yo los redimiría, pero ellos hablan mentiras contra mí.

Malaquías 3.13: "Vuestras palabras contra mí han sido violentas, dice Jehová. Y todavía preguntáis: "¿Qué hemos hablado contra ti?".

El sentido del verbo implica que el hablar mal (mejor calumniar) es un acto mentiroso. Si lo que se habla fuese verdad sería un acto profético. En Nú 12.8 y 21.5 el hablar contra Moisés implica hablar contra su Señor. En el Salmo 101.5 la difamación del prójimo es una acción de los ojos altaneros y el corazón vanidoso. La difamación aparece como una de las situaciones a las que se enfrentan los seguidores de Jesús en Mateo:

> Bienaventurados (felices) seréis cuando por mi causa os insulten, os persigan y digan toda clase de mal contra vosotros, mintiendo. "Gozaos y alegraos, porque vuestra recompensa es grande en los cielos, pues así persiguieron a los profetas que vivieron antes de vosotros. Mt 5.11-12

Martyn recoge dos citas de los rabíes importantes en este contexto: "Quien calumnia a otro, calumnia a Dios" y "Quien habla contra el pastor verdadero es como uno que habla contra Dios" (Martin R. P., 1988, pág. 163). Además recoge otra serie de términos vinculados como el hebreo räkîl (Calumniador) en Lev 19.16; Prov 11.13; 20.19; Jer 9.13; Ez 22.9. En el caso de Prov 11.13 la LXX usa la palabra "doble-lengua" (también Eclesiástico 5.9; 5.14, 28.13).

Según estos datos el discurso del capítulo 4 no se rompe en St 4.11-12. Es el mismo tema: el delirio de los soberbios que también son codiciosos. El hablar contra el prójimo supone poner en marcha procesos comunitarios de deshonor y por eso de humillación social. Esta dinámica complementa las acciones de 2.8ss. El "ustedes" del capítulo 2.1ss refleja esa conducta carente de toda integridad y abundante en injusticia contra la "gloria" que es constitutiva de "nuestro Señor Jesucristo" (St 2.1).

> La ley es una forma de organizar las relaciones sociales. La Ley Real de la que habla Santiago se alimenta del cuidado por las otras personas. De igual manera que Dios cuida a su pueblo, así su pueblo se cuida entre sí.

Santiago 2.8 señala el marco de referencia desde el cual se analiza toda la problemática de la acepción de personas: el principio legal. "Amarás a tu prójimo como a ti mismo" constituye el punto clave desde el cual se construye la crítica que se hace desde 2.1. El verso 8 se basa gramaticalmente en el verbo *teleite* (cumplir, llevar a cabo, terminar, perfeccionar, completar). El cual por su rango semántico nos ubica en la discusión sobre la integridad como se había apuntado en 1.4 y 3.2. El verbo trasciende el simple hacer para ubicarnos en el contexto de la fe misma: hablamos de la calidad de vida de fe, haciendo eco de 1.25. La consistencia de la fe, su integridad, está mediada por la vivencia. Es en la cotidianidad en donde el ser humano pone a prueba sus fundamentos, especialmente su fe en la vida y, esos fundamentos, deben alimentarse del principio "Amarás a tu prójimo como a ti mismo".

El verso 8 contiene dos elementos que son difíciles de interpretar. El primero es la construcción "la ley real". ¿A qué se refiere? El segundo es la cita de Lev 19.18: "Amarás al prójimo tuyo como a ti mismo". El conjunto de los dos elementos resulta en una perspectiva única en el Segundo Testamento. Pero también en el Primer Testamento en donde no hay un paralelo, los pocos textos que hablan de algún tipo de mandato u orden real se refieren directamente a acciones de los reyes y no a la ley real en referencia a Dios:

> **Esther 1.19**: Si parece bien al rey, salga un <u>decreto real</u> de vuestra majestad y se inscriba entre las leyes de Persia y de Media, para que no sea quebrantado: "Que Vasti no se presente más delante del rey Asuero"; y el rey haga reina a otra que sea mejor que ella.
>
> **1 Esdras 8.24**: (LXX) Y cualquiera que transgreda <u>la ley de tu Dios</u>, y <u>la del rey</u> será castigo con diligencia, si es con la muerte, u otro castigo, con una multa o con prisión.
>
> **1 Esdras 8.64**: (LXX) Y entregaron los <u>mandamientos del rey</u> a los sirvientes del rey y a los gobernadores de Celosiria y Fenicia y ellos honraron al pueblo y al templo de Dios.
>
> **2 Macabeos 3.13**: Pero Heliodoro, en virtud de las <u>órdenes del rey</u>, mantenía de forma terminante que los bienes debían pasar al tesoro real.
>
> **2 Macabeos 4.25**: Provisto del <u>mandato real</u>, se volvió sin poseer nada digno del sumo sacerdocio, sino más bien el furor de un cruel tirano y la furia de una bestia salvaje.

Fuera de la tradición bíblica Divelius-Greeven (Dibelius, 1988 (1920), pág. 143) aportan otros ejemplos. Uno de ellos y quizá el más cercano a Santiago es Filón. Citaré una porción de su obra *Sobre los Gigantes*:

> Pero cuando él (Abraham) llegó a mejorar, y estuvo cercano al momento en que fue cambiado su nombre, el entonces llegó a ser un hombre nacido de Dios, de acuerdo al oráculo el cual le entregó "Yo soy tu Dios, cuida de ser aprobado delante de mí, y se tu sin culpa". <u>Pero si el Dios del mundo siendo el único Dios</u>, es también, por un favor especial, el Dios peculiar de esta persona individual, entonces, de necesidad el hombre debe ser también un hombre de Dios; porque el nombre Abraham, siendo interpretado, significa "el elegido padre del sonido" la razón del buen hombre para ser elegido de entre todos, y purificado, y el padre de la voz por la cual hablamos; y siendo tal un personaje como este, él es asignado al de un solo Dios, del cual ministro llegó a ser, <u>y así hizo el camino de su completa vida recto, usando en la verdad real el camino real, el camino del único rey quien gobierna todas las cosas, no volviéndose ni desviándose ni a la derecha ni a la izquierda</u>. (Gig 63) (Philo, 2002, pág. 157)

He subrayado los lugares pertinentes a esta reflexión, que, como se puede notar apuntan a la condición de Dios como único Dios y Rey del universo "quien gobierna todas las cosas". En *La migración de Abraham*, Filón señala que "Abraham guardó toda mi ley" y que tal ley no es otra cosa

> **Filón** fue un pensador de la Casa de Israel contemporáneo en parte de Jesús quien logró vincular la lectura del Primer Testamento con la filosofía griega. En parte esto se debe a que vivió en una de las ciudades más importantes del Imperio Romano de la época: Alejandría. Como es contemporáneo del nacimiento del movimiento de Jesús, su punto de vista es una gran ayuda para entender el pensamiento de los escritos del Segundo Testamento.

que la palabra de Dios, entonces, "la palabra divina es la ley y si el hombre justo hace la ley, entonces, por todos los medios, el también realiza la palabra de Dios, así que como dije antes, las palabras de Dios son las acciones del hombre sabio." (Migr 131) Apunta luego que también así hizo Moisés "tu caminarás detrás de tu Dios" (Migr 132). En el mismo tratado, más adelante, señala: "pero también camina hacia delante por la senda recta, no volteándose hacia ningún lado, ni a la derecha ni a la izquierda, como hizo el terreno Edom, buscando el camino de los lugares de acecho, al mismo tiempo estando lleno de excesos y superficialidades, y por el otro de disputas y atajos, por eso es mejor proceder por el camino del medio, el cual es el realmente el camino real, y el cual el gran y único rey, Dios, tiene abierto para ser la más sustentable morada para el alma que ama la virtud" (Migr 146)

La perspectiva de Filón de no volver a ver ni a derecha ni a izquierda, o no ir ni por la derecha ni por la izquierda es producto de la lectura alegórica de Nú 20.17. Como señala G. Ebel "En Filón aparece con frecuencia el término camino, que, no obstante, está poco influido por el AT y más bien deriva del lenguaje general, filosófico y parenético. Las expresiones típicas del AT a este respecto (camino de Dios) no hallaron continuación en él. Toma del AT el motivo del caminar y lo incorpora a su tema filosófico fundamental, el de la marcha del hombre por un camino que, de acuerdo con Nú 20.17, llama "real", porque lleva hacia Dios, el rey de todo. Este camino equiparado con la sabiduría, gracias a la cual el espíritu llega a su término: el conocimiento de Dios (De Migr., Abr 195). En sus consideraciones éticas representa un importante papel el camino ascético (Post. Caini 154; Leg. A II 98). Y para él el camino hacia la virtud es la filosofía." (Coenen, 1985, pág. Vol. I. 212)

Desde esta perspectiva, la cualidad "real" en Filón apunta a la condición de única y suprema realeza de Dios. Así, el cumplir la ley que es cumplir la palabra de Dios en el hacer es el camino del sabio, de modo que tanto Abraham como Moisés realizan en sus vidas este camino sin desviarse a derecha o izquierda. Es correcta la perspectiva de Ebel en diferenciar el concepto de camino en el Primer Testamento y el concepto de camino en Filón. Este ha realizado una lectura de las tradiciones bíblicas de Israel desde una perspectiva filosófica platónica (Adams, 2000, págs. 58-64).

En este punto hay una ruptura entre la perspectiva de Santiago y la Filón: una ruptura, diríamos hoy, de marco teórico. Para Santiago, este está conformado por las tradiciones sapienciales del Primer Testamento no por la filosofía platónica. Sin embargo, existen, también cercanías como el tema del orgullo que Santiago cuestiona duramente en un contexto semejante a Filón en el capítulo 4, en particular 4.16: "mas ahora se jactan en sus soberbias (orgullo), toda jactancia como esta es mala". Filón dirá:

> El orgullo es también la causa de muchos otros males, tales como insolencia, arrogancia e impiedad. Y estos son los comienzos de guerras con extranjeros o civiles, permitiendo que nadie descanse en paz en ninguna parte, si bien sea público o privado, en el mar o en la tierra. ¿Y por qué necesito mencionar las ofensas de tales hombres contra otros? Porque las cosas divinas son descuidadas por el orgullo, aunque ellos piensen generalmente estar habilitados por el más alto honor. (Dec 5)

Se requiere un estudio más profundo que establezca tanto las semejanzas como las diferencias entre ambos autores. Tarea que no puedo asumir aquí. Sin embargo, es necesario considerarla como tema de estudios posteriores.

Divelius-Greeven concluyen sobre el concepto "Ley real", lo siguiente: "Se sigue de los ejemplos que "ley real" puede significar "la ley con autoridad real" tanto como "la ley la cual es establecida por reyes". En cada caso, Santiago –decorando la ley con este predicado- quiere aplaudir la obediencia a la ley. Como él, ni explica este predicado ni revela la motivación para tal formulación, podemos asumir que él no ha creado esta expresión. Es significativo que los mismos atributos, "libertad" y "real" con que Santiago habla de la ley (1.25; 2.8) están combinados en 4 Macabeos 14.2 con el propósito de glorificar la firme Razón. Esa Razón es un verdadero rey que guía hacia la libertad, este es el concepto estoico que subyace a ambas expresiones. La posición humana universal a la cual el concepto se refiere fue encontrada en los judíos helenistas personificando a la Ley. Por eso, afirmaron la validez de la autoridad universal de la Ley en cambio de la validez particular para los judíos solamente. Pero los cristianos transfirieron estos predicados a una nueva ley cristiana cuyo núcleo fue la enseñanza ética de la antigua ley judía. Por supuesto, esta transferencia fue posible solo en aquellos lugares donde el conflicto en el cual Pablo estaba envuelto con relación a la Ley había terminado o nunca había sido oído." (Dibelius, 1988 (1920), pág. 143)

Davids cuestiona la posición anterior "¿Sería posible leer esto en un contexto judeo-cristiano sin pensar en el Reino de Dios (2.5) y en el Señorío de Yahweh del que era, en el pensamiento cristiano, investido Jesús? ¿No es más natural ver una referencia a la totalidad de la ley como interpretada y manejada en la iglesia en la enseñanza de Jesús, por ejemplo la soberana ley del Reino de Dios (Mt 5)? Eso parecería más apropiado que ambos paralelos que Dibelius cita en 4 Mac 14.2, además, la tentadora sugerencia de Mussner de que esto se refiere a la categoría real de este mandamiento entre otros en la ley, aunque no en el sentido del mandamiento principal como en Mt 12.31. El uso de ley en lugar de mandamiento hace que parezca decisivo que la ley toda en lugar de un solo mandamiento sea la intención." (Davids P., 1982, pág. 114)

Para Martyn la cuestión es algo distinta: "Lo que Santiago está implicando es que la obediencia al mandamiento del amor completa la ley real, lo que se refiere a la entera voluntad de Dios especialmente como es revelada en la enseñanza de Jesús" (Martin R. P., 1988, pág. 67).

Ninguna de las tres posiciones parece engarzar claramente con el concepto de Santiago. Esto implica que no se puede decir, a partir del texto de Santiago, cuál tradición ha tomado este autor para darle una designación tal a la ley con plena certeza. Asumamos la tarea en dos sentidos. Uno sería tratar de entender este significado de ley desde el punto de vista del Segundo Testamento, el otro, es una valoración de la cita de Levítico 19.18. Entonces, ¿encontramos alguna imagen en el ST que nos ayude a ilustrar la cuestión de fondo aquí? Es decir, una situación en donde se cumplan los mandamientos pero que el amor al prójimo o a Dios se ponga en entredicho.

Ley e integridad: Mateo ilumina a Santiago

Para esto nos ayuda el episodio del joven rico en Mateo 19.16ss.

> [16] Entonces se acercó uno y le dijo: -- Maestro bueno, ¿qué bien haré para tener la vida eterna? [17] Él le dijo: -- ¿Por qué me llamas bueno? Nadie es bueno sino uno: Dios. Pero si quieres entrar en la vida, guarda los mandamientos. [18] Le preguntó: -- ¿Cuáles? Y Jesús le contestó: -- No matarás. No adulterarás. No hurtarás. No dirás falso testimonio. [19] Honra a tu padre y a tu madre. Y amarás a tu prójimo como a ti mismo. [20] El joven le dijo: -- Todo esto lo he guardado desde mi juventud. ¿Qué más me falta? [21] Jesús le dijo: -- <u>Si quieres ser perfecto, anda, vende lo que tienes y dalo a los pobres, y tendrás tesoro en el cielo; y ven, sígueme</u>. [22] Al oír el joven esta palabra, se fue triste, porque tenía muchas posesiones. [23] Entonces Jesús dijo a sus discípulos: -- De cierto os digo que difícilmente entrará un rico en el reino de los cielos. [24] Otra vez os digo que es más fácil pasar un camello por el ojo de una aguja, que entrar un rico en el reino de Dios. [25] Sus discípulos, al oír esto se asombraron mucho, y decían: -- ¿Quién, pues, podrá ser salvo? [26] Mirándolos Jesús, les dijo: -- Para los hombres esto es imposible, pero para Dios todo es posible. [27] Entonces, respondiendo Pedro, le dijo: -- Nosotros lo hemos dejado todo y te hemos seguido; ¿qué, pues, tendremos? [28] Jesús les dijo: -- De cierto os digo que en la regeneración, cuando el Hijo del hombre se siente en el trono de su gloria, vosotros que me habéis seguido, también os sentaréis sobre doce tronos, para juzgar a las doce tribus de Israel. [29] Y cualquiera que haya dejado casas, o hermanos, o hermanas, o padre, o madre, o mujer, o hijos, o tierras, por mi nombre, recibirá cien veces más, y heredará la vida eterna. [30] Pero muchos primeros serán últimos, y los últimos, primeros.

En primer lugar tanto Malina como Neyrey titulan el relato como "el joven codicioso". Esta traducción deviene del punto de vista (ver cita anterior de Malina) de que la riqueza en ese contexto es producto de la codicia, es perversa en sí misma. Titular como hasta ahora el relato como "el joven rico" supone, no solo el desconocimiento del contexto cultural del relato, sino, a priori una malversación del texto.

En segundo lugar, consideremos que en el verso 21 Jesús le indica a dicho joven que si realmente desea la perfección (o completud, o integridad) venda todo lo que tiene y lo de a los pobres. El término para "perfección" es usado por St 1.4, 17, 25; 3.2 y es un tema central como ya he indicado. Esta solicitud es imposible de cumplir para el joven. Sin embargo, el contexto del relato establece al joven como una persona honorable y justa a los ojos de la ley: ha cumplido todos los mandamientos desde la juventud (Mt 19.20). El verbo usado en la respuesta del joven y que se traduce por "he guardado" (griego: phylássō, hebreo: shāmar) es también el verbo clave en las dos versiones del decálogo (según la LXX) en

Éxodo 20.6 y en Deuteronomio 5.1. En Mateo solo en este relato se usa ese verbo, así como en Marcos, mientras en Lucas también se usa en el texto paralelo pero aparece otras cinco veces. Vale revisar la cita de Lucas 12.15: "Y les dijo: -- Mirad, <u>guardaos</u> de toda avaricia, porque la vida del hombre no consiste en la abundancia de los bienes que posee." En Lucas este verso es antecedido por la solicitud de un hombre a Jesús para que medie entre él y su hermano ante un problema de reparto de una herencia. Jesús responde: "Hombre, ¿quién me puso juez o arbitro entre ustedes?" (Lc 12.14), seguidamente narra la parábola del rico insensato en Lc 12.16ss.

En tercer lugar, ante el reto de Jesús, el joven se aleja muy triste porque tiene muchas posesiones, de ahí la conclusión: difícilmente entrará un rico en el reino de los cielos. El honor adscrito supone una carga familiar que no puede ser fácilmente desechada. Vender sus bienes (en este caso la tierra) supone dejar a la familia extendida en la vergüenza.

En cuarto lugar, Jesús incluye en la lista de preceptos el de "amar al prójimo" que es el punto central en St 2.8: en esto consiste la ley real.

La conclusión de Neyrey es contundente:

> En este episodio, pues, Mateo presenta a Jesús reformando el código local del honor al ofrecer su propia afirmación de lo que a una persona le da dignidad y respeto. Jesús etiqueta como "perfección" la pérdida, en su nombre, de la riqueza, que es distribuida a los pobres fuera de un contrato patrón-cliente o como benefactor. El joven rico, por tanto, es presentado mediante dos códigos de honor: primero el convencional en el que el honor va unido a la riqueza, y en segundo lugar el código reformado de Jesús, en el que el honor viene de la pérdida voluntaria de la riqueza. Ambos son "códigos de honor", es decir, conjuntos de expectativas públicas mediante las que otros individuos significativos evalúan el comportamiento y atribuyen respeto o censura ¿Qué pensarán los García? ¿Y mi familia? ¿Y mis vecinos? ¿Y Jesús? La elección del joven y rico heredero, por tanto, tiene sentido cultural dentro de un cierto código de honor, el de su sociedad, pero no para el de Jesús. Mateo narra que él eligió el código de su pueblo y su familia, perdiendo así el respeto y el elogio de Jesús. (Neyrey, 2005, págs. 101-102)

Si consideramos la importante del guardar la ley, incluido el mandamiento de "amar al prójimo", la vida del joven codicioso encaja muy bien con el código de honor de su contexto. Pero eso no es suficiente para cumplir la "perfección" que señala Jesús como base de su código de honor. La integridad, que señala Mateo va mucho más allá del cumplimiento del amor al prójimo y le da una interpretación tan radical que doblega la voluntad del joven. Así, desde el punto de vista de Santiago, este joven sería una persona de doble-corazón.

Ahora, si bien Santiago no expresa esta exigencia de dejarlo todo por Jesús, sí se puede apreciar que su posición es tan radical como la él. El llamado a la integridad es un eje fundamental de su mensaje. El "ustedes" debe mostrar este compromiso actuando según el código de honor que emana de Dios: la fe de nuestro Señor Jesucristo de gloria (2.1). Es decir, en contra el código de honor del "mundo". La cuestión es que en la asamblea el pobre recibe honor, un honor conferido desde Dios. El sentido de la ley regia es ese: reconocer en la comunidad que el honor adscrito no es ni suficiente, ni significativo delante de Dios, lo que se reconoce como fundamental es el honor conferido en Dios.

En otro sentido, la pregunta del joven es un desafío al honor de Jesús. Según señala Malina todo elogio en una sociedad orientada por el honor es un reto (Malina, Bruce & Rohrbaugh, Richard, 1992, pág. 123). Al levantar una pregunta tan inquietante, el joven, deja ver su nivel de honor, por encima de su apariencia que es un indicador claro de ese honor, muestra, además, su preocupación por seguir el camino recto, y en su respuesta a Jesús deja claro que es una persona justa y por ende, no necesita hacer nada más para ser o merecer la atención del Maestro. Lo consecuente, en este caso, es que Jesús le responda con un elogio. No obstante, Jesús contragolpea con un reto mayor. Ante Jesús y antes quienes escuchan el joven queda sin honor, es avergonzado.

Mt 19.16 presenta un problema textual interesante ya que el mismo texto en Marcos 10.17 y Lc 18.18 aparece la lectura "Maestro bueno". Los testigos, en Mateo, están divididos unos asumen esa lectura y otros la actual en donde solo aparece Maestro y bueno se integra a la pregunta: ¿qué de bueno he de hacer...? El Comité ha preferido la segunda como la original: la lectura sin el adjetivo bueno (Metzger, 1994). Es decir, Mateo omite bueno como un adjetivo de Maestro contrariamente a Marcos y Lucas. No obstante la cuestión sigue en pie. Al preguntar el joven sobre lo que debe hacer de bueno para que tenga vida eterna se establece la competencia de Jesús en el conocimiento adecuado para dar una respuesta. La respuesta de Jesús es lo que pondrá su honor (el de Jesús) en juego. ¿Tendrá Jesús que responder de modo tal que el joven resulte una persona justa? ¿Cómo lo hará? Si esta persona resulta justa en la respuesta de Jesús entonces el camino que propone queda lesionado. Pensemos por un momento en las fórmulas mateanas del Sermón del Monte:

> De manera que cualquiera que quebrante uno de estos mandamientos muy pequeños y así enseñe a los hombres, muy pequeño será llamado en el reino de los cielos; pero cualquiera que los cumpla y los enseñe, este será llamado grande en el reino de los cielos. Por tanto, os digo que si vuestra justicia no fuera mayor que la de los escribas y fariseos, no entraréis en el reino de los cielos.
>
> <u>Oísteis que fue dicho a los antiguos</u>: "No matarás", y cualquiera que mate será culpable de juicio. <u>Pero yo os digo</u> que cualquiera que se enoje contra su hermano, será culpable de juicio; y cualquiera que diga "Necio" a su

hermano, será culpable ante el Concilio; y cualquiera que le diga "Fatuo", quedará expuesto al infierno de fuego. (Mt 5.19-22)

Para Mateo el grupo de Jesús será constituido por personas que, como familia sustituta, viven dentro de una justicia mayor que aquella vivida por grupos clave de referencia en el contexto. Por eso, la interpretación de la ley en el cumplimiento de los mandamientos se ha radicalizado. La Ley no será abolida sino perfeccionada o completada (Mt 5.17). Así la fórmula de Mateo 5.21: "Oyeron que fue dicho" más el mandamiento es seguida por una interpretación más radical: "pero yo les digo" (Mt 5.22) (Véase también: 5.27-28; 32-32; 33-34; 38-39; 43-44). El propósito de tal radicalización se expone en Mt 5.48: "Sed, pues, vosotros perfectos, como vuestro Padre que está en los cielos es perfecto."

Así, mientras el joven es, ante el código de honor adscrito, una persona justa, no lo es dentro del código de Jesús. En consecuencia, el joven es avergonzado. Lo que se expone como fondo de la discusión es la perfección (o completud, o integridad) en Mateo 19.20 y que es el tema articulador de esta primera parte del Sermón del Monte como lo señala Mateo 5.48. El uso de los verbos phylássō (guardar, defender Mt 19.20) y tēreō (guardar los mandamientos, Mt 19.17) el primero en boca del joven y el segundo en boca de Jesús indica que este último ha sido tomado en contraposición del primero. De modo que, mientras el joven cumple la ley según las tradiciones de la Casa de Israel, el Jesús de Mateo expresa en 19.16 un cumplimiento más profundo que es vivido dentro de la nueva casa de Israel que él promueve.

Entonces, el concepto "Ley real" en Santiago 2.8 puede ser comprendido a partir del principio de perfección o integridad que deriva del honor conferido por Dios y que se manifiesta en la fórmula "la fe de nuestro Señor Jesucristo de gloria".

Veamos ahora, cómo la palabra ley es cualificada en otros lugares de Santiago. En realidad, aparte de 2.8 y 12, solo 1.25 tiene esta característica, la cual, dicho sea de paso, vincula 1.25 con 2.13: ley de la libertad. Propongo leer la sección dentro de la cual se encuentra 1.25 considerando que esta iniciaría tentativamente en 1.16 y terminaría en 1.27:

> [16] Amados hermanos míos, no erréis. [17] Toda buena dádiva y todo don perfecto desciende de lo alto, del Padre de las luces, en el cual no hay mudanza ni sombra de variación. [18] Él, de su voluntad, nos hizo nacer por la palabra de verdad, para que seamos primicias de sus criaturas. [19] Por esto, mis amados hermanos, todo hombre sea pronto para oír, tardo para hablar, tardo para airarse, [20] porque la ira del hombre no obra la justicia de Dios. [21] Por lo cual, desechando toda inmundicia y abundancia de malicia, recibid con mansedumbre la palabra implantada, la cual puede salvar vuestras almas. [22] Sed hacedores de la palabra y no tan solamente oidores, engañándoos a vosotros mismos. [23] Si alguno es oidor de la palabra pero no hacedor de ella, ese es semejante al hombre que considera en un espejo su rostro natural; [24] él se considera a sí mismo y se va, y pronto olvida cómo era. [25] Pero el que mira atentamente en la perfecta ley, la de la libertad,

y persevera en ella, no siendo oidor olvidadizo sino hacedor de la obra, este será bienaventurado en lo que hace. ²⁶ Si alguno se cree religioso entre vosotros, pero no refrena su lengua, sino que engaña su corazón, la religión del tal es vana. ²⁷ La religión pura y sin mancha delante de Dios el Padre es esta: visitar a los huérfanos y a las viudas en sus tribulaciones y guardarse sin mancha del mundo. (St 1.16-27)

La sección inicia retomando lo anterior (1.15) y haciendo un llamado a no errar (tomar un mal camino, o engañar), lo bueno como don viene de arriba (como la sabiduría en 3.15 y 17), de Dios que de su voluntad les ha dado a luz con la palabra de verdad. Si seguimos el camino desde esta última afirmación (palabra de verdad) el texto continúa diciendo: sean prontos para escuchar, tardos para hablar y tardos para la ira, reciban con gentil humildad la palabra implantada en ustedes que puede salvar sus vidas, entonces, lleguen a ser hacedores de la palabra y no oidores engañándose a sí mismos, porque si alguno es oidor de la palabra y no hacedor, es como... Pero el que considera cuidadosamente la ley perfecta de la libertad manteniéndose en ella (en su práctica) no es oidor sino hacedor eficaz, este bienaventurado será en lo que hace. Si alguno se cree religioso y no refrena su lengua (3.1ss) su religión es vana, entonces, la religión pura y sin mancha de junto a Dios y Padre es esta: Atender a los huérfanos y a las viudas en sus tribulaciones y puro en sí mismo guardarse del mundo.

Entre palabra y ley de la libertad se da una sinonimia. Para Santiago son lo mismo: hacedor eficaz es aquella persona que considera la ley perfecta de la libertad, la practica, y es aquella persona que es hacedor de la palabra. Esta palabra es cualificada como palabra de verdad con la que Dios le hizo (St 1.18). Así, en consecuencia, se recomienda ser rápido para escuchar esta palabra y lerdo para hablar, dicho de otro modo, se recomienda refrenar la lengua, estar atento a la palabra. Esta atención práctica de la persona hacedora, se manifiesta en una religión que atiende a los huérfanos y a las viudas y se mantiene puro del mundo. De nuevo, la luz sobre este pasaje proviene del Primer Testamento:

Deuteronomio 10.17-18: Porque Jehová, vuestro Dios, es Dios de dioses y Señor de señores, Dios grande, poderoso y temible, <u>que no hace acepción de personas</u>, ni recibe sobornos, <u>que hace justicia al huérfano y a la viuda, que ama también al extranjero y le da pan y vestido</u>...

Deuteronomio 24.17-19: No torcerás el derecho del extranjero ni del huérfano, ni tomarás en prenda la ropa de la viuda, sino que te acordarás que fuiste siervo en Egipto y que de allí te rescató Jehová, tu Dios. Por tanto, yo te mando que hagas esto. ""<u>Maldito el que pervierta el derecho del extranjero, del huérfano y de la viuda</u>". Y dirá todo el pueblo: "Amén".

Salmo 146.8-10: Jehová abre los ojos a los ciegos; Jehová levanta a los caídos; Jehová ama a los justos. <u>Jehová guarda a los extranjeros; al huérfano y a la viuda sostiene</u>, Y el camino de los impíos trastorna. Reinará Jehová para siempre; tu Dios, Sión, de generación en generación. ¡Aleluya!

Eclesiástico 35: 9-15: Da al Altísimo como él te ha dado a ti, con ojo generoso, con arreglo a tus medios. Porque el Señor sabe pagar, y te devolverá siete veces más. No trates de corromperle con presentes, porque no los acepta, no te apoyes en sacrificio injusto. Porque el Señor es juez, y no cuenta para él la gloria de nadie. No hace acepción de personas contra el pobre, y la plegaria del agraviado escucha. No desdeña la súplica del huérfano, ni a la viuda, cuando derrama su lamento. Las lágrimas de la viuda, ¿no bajan por su mejilla, y su clamor contra el que las provocó?

Jeremías 7.5-7: "Pero si de veras mejoráis vuestros caminos y vuestras obras; si en verdad practicáis la justicia entre el hombre y su prójimo, y no oprimís al extranjero, al huérfano y a la viuda, ni en este lugar derramáis la sangre inocente, ni vais en pos de dioses extraños para mal vuestro, yo os haré habitar en este lugar, en la tierra que di a vuestros padres para siempre.

Jeremías 22.3: Así ha dicho Jehovah: Practicad el derecho y la justicia; librad a quien es despojado de mano del opresor; no maltratéis ni tratéis con violencia al forastero, ni al huérfano ni a la viuda; no derraméis sangre inocente en este lugar.

Ezequiel 22.1-12: Vino a mí palabra de Jehová, diciendo: "Y tú, hijo de hombre, ¿no juzgarás tú, no juzgarás tú a la ciudad sanguinaria y le mostrarás todas sus abominaciones? Le dirás, pues: "Así ha dicho Jehová, el Señor: ¡Ciudad que derrama sangre dentro de sí misma para que venga su hora, y que hizo ídolos contra sí misma para contaminarse! En tu sangre que derramaste has pecado y te has contaminado con tus ídolos que hiciste; has hecho que tu día se acerque y has llegado al término de tus años; por tanto, te he dado en oprobio a las naciones, en escarnio a todas las tierras. Las que están cerca de ti y las que están lejos se reirán de ti, amancillada de nombre y de gran turbación. "He aquí que los gobernantes de Israel, cada uno según su poder, se esfuerzan en derramar sangre. Al padre y a la madre despreciaron en ti; al extranjero trataron con violencia en medio de ti, y en ti despojaron al huérfano y a la viuda. Mis santuarios menospreciaste y mis sábados has profanado. 9 Calumniadores hubo en ti para derramar sangre; en ti comieron sobre los montes y en medio de ti hicieron perversidades. La desnudez del padre descubrieron en ti, y en ti hicieron violencia a la que estaba impura por su menstruo. Cada uno hizo abominación con la mujer de su prójimo, cada uno contaminó pervertidamente a su nuera y cada uno violó en ti a su hermana, la hija de su padre. Precio recibieron en ti para derramar sangre; interés y usura tomaste, y a tus prójimos defraudaste con violencia. ¡Te olvidaste de mí!, dice Jehová, el Señor.

"Hacer lo que Dios hace" esta sería la propuesta de fondo para una espiritualidad fuerte. Creer, entonces, no es aceptar a ciegas que algo es real, creer es hacer realidad en la vida propia lo que creemos. La fe de Jesús (St 2.1) expresa la misma idea: uno vive en la imitación, la fe de Jesús. Imitar es la forma como aprendemos gran cantidad de cosas importantes en la vida desde nuestra niñez.

Los oficios se aprenden haciendo lo que se ve hacer a las personas que saben. En esto consiste la fe en revivir las acciones de Jesús y de Dios.

En todos estos pasajes se subraya la atención de Dios por los huérfanos y las viudas, a la vez, se subraya la emulación de la persona fiel al proceder de Dios. De ahí la religión verdadera proviene. No de las formas, ni de la confesión, sino del vivir de un modo íntegro. Integridad y justicia se configuran en una sola actitud de respeto al honor de Dios.

El principio aquí expuesto parece simple: el hacer la ley de la libertad que es también palabra de verdad se realiza eficazmente en una religión que atiende a huérfanos y viudas y en mantenerse puro del mundo. Lo que Dios ha hecho es el camino para que el ser humano también haga. Podríamos llamarle principio de emulación o teomimesis (teo = Dios y mimesis = imitación). De la integridad de Dios deviene la integridad de quien le escucha. La escucha se realiza en prácticas consecuentes con la palabra escuchada. La vida es un hacer, la vida integra es un hacer la vida en integridad. Esta es la idea de camino, la vida es un camino y en este se prueba la integridad del corazón:

> Emular es imitar, imitar lo que se ve es también darle honor a quien se imita. En este caso Dios.

Te acordarás de todo el camino por donde te ha traído Jehová, tu Dios, estos cuarenta años en el desierto, para afligirte, para probarte, para saber lo que había en tu corazón, si habías de guardar o no sus mandamientos. (Dt 8.2)

La prueba, que es un tema central en Santiago (1.2), para la persona sabia resulta en Bienaventuranza (St 1.12), pero también, la prueba, es el momento en que emergen del corazón dividido la ira (1.20) y la concupiscencia (St 1.13-15). Es aquí, en la integridad del corazón, en donde verdad y libertad se transforman en maneras de conducir la vida más allá del mandamiento específico: no matar, no adulterar, no hacer acepción de personas. El amar al prójimo como a uno mismo expresa esta implicación propia de la santidad (Lv 19.2): Sed santos como yo soy santo. La ley real parece recuperar aquí el sentido profundo de la sabiduría que lleva a la integridad: amarás a tu prójimo como a ti mismo. La realeza está en esa emulación del principio rector del universo: Dios, el creador que les ha dado a luz con palabra de verdad.

> El que dice en él permanecer, debe, así como aquel caminó, también él así caminar.
> 1 Juan 2.6

Otra vez Mateo nos ayuda a comprender mejor el principio de emulación:

43 "Oísteis que fue dicho: "<u>Amarás a tu prójimo</u> y odiarás a tu enemigo". 44 Pero yo os digo: Amad a vuestros enemigos, bendecid a los que os maldicen, haced bien a los que os odian y orad por los que os ultrajan y os persiguen, <u>45 para que seáis hijos de vuestro Padre que está en los cielos, que hace salir su sol sobre malos y buenos y llover sobre justos e injustos.</u> 46 Si amáis a los que os aman, ¿qué recompensa tendréis? ¿No hacen también lo mismo los publicanos? 47 Y si saludáis a vuestros hermanos solamente, ¿qué hacéis de más? ¿No hacen también así los gentiles? 48 <u>Sed, pues, vosotros perfectos, como vuestro Padre que está en los cielos es perfecto.</u> (Mt 5.43-48)

La ley real es la expresión que establece el principio de relaciones comunitarias desde el honor conferido por Dios (gloria). *Las acciones de Dios, su interés en velar por aquellas personas que están sin honor es el camino a imitar.* Así que la ley real tiene ecos, en cuanto principio de acción, tanto en el Primer Testamento como en el Segundo Testamento. Mateo sigue este camino. Vivir la fe de nuestro Señor Jesucristo de gloria resuena en cada letra. En Mateo la perfección es un llamado a vivir una justicia mayor (Mt 5.20), a vivir la perfección o integridad de Dios. Como complemento Mateo aporta una estructura de principios:

> Entonces los fariseos, cuando oyeron que había hecho callar a los saduceos, se reunieron. Y uno de ellos, intérprete de la Ley, preguntó para tentarlo, diciendo: -- Maestro, ¿cuál es el gran mandamiento en la Ley? Jesús le dijo: -- "Amarás al Señor tu Dios con todo tu corazón, con toda tu alma y con toda tu mente". Este es el primero y grande mandamiento. Y el segundo es semejante: "Amarás a tu prójimo como a ti mismo". De estos dos mandamientos dependen toda la Ley y los Profetas. (Mt 22.34-40)

El amor a Dios y el amor al prójimo, el segundo semejante al primero, ambos igualmente grandes, ambos uno solo. No hay división entre ellos, no hay ruptura ni orden sino una misma acción de reverencia y por tanto, una fe integra. Entonces, para dar un sentido al concepto "ley real" en Santiago habrá que considerar esta doble dimensión del espíritu de la ley, por eso Santiago concluye: "si hacen acepción de personas pecado cometen y son reprobados por la ley como transgresores" (St 2.9). Al hacer acepción de personas se viola el honor del prójimo y en este acto, se viola el honor de Dios.

Las lecturas de Divelius-Greeven, Davids y Martyn no han logrado expresar esta riqueza con la suficiente contundencia. No se trata de seguir las enseñanzas de Jesús y en ellas la revelación de Dios, sino de aprender que quien le sigue es incorporado al honor de Dios, a su gloria, y que el actuar consecuente es honrar a quienes Este ha honrado. La justicia mayor de Mateo y la integridad de Santiago se encuentran en este punto. El aprendizaje es vivencialmente consciente de que el dador de la vida, quien les ha parido en su palabra de verdad, les ha honrado y de ese honor conferido proviene la justicia consecuente. Por eso, la deshonra del pobre es blasfemia.

La ley real: Levítico y Santiago

La radicalidad enunciada se expresa en el contenido de la ley real: amarás a tu prójimo como a ti mismo (St 2.8-Lev 19.18). El contexto de Levítico 19 11ss en donde se encuentra la cita es convergente con el espíritu de Santiago:

> ¹¹ "No robaréis, no mentiréis ni os engañaréis el uno al otro. ¹² "No juraréis en falso por mi nombre, profanando así el nombre de tu Dios. Yo, Jehová. ¹³ "No oprimirás a tu prójimo ni le robarás. "No retendrás el salario del jornalero en tu casa hasta la mañana siguiente. ¹⁴ "No maldecirás al sordo, ni delante del ciego pondrás tropiezo, sino que tendrás temor de tu Dios. Yo, Jehová. ¹⁵ <u>No cometerás injusticia en los juicios, ni favoreciendo al pobre ni complaciendo al grande: con justicia juzgarás a tu prójimo.</u> ¹⁶ "No andarás chismeando entre tu pueblo. "No atentarás contra la vida de tu prójimo. Yo, Jehová. ¹⁷ "No aborrecerás a tu hermano en tu corazón. "Reprenderás a tu prójimo, para que no participes de su pecado. ¹⁸ <u>"No te vengarás ni guardarás rencor a los hijos de tu pueblo, sino **amarás a tu prójimo como a ti mismo**.</u> Yo, Jehová. (Lev 19.11-18)

Santiago 2.10-11 sigue el mismo argumento sobre la integridad de la ley real que engloba, como espíritu de la ley misma, todo otro mandamiento particular. Es importante recordar lo ya dicho sobre el verso 11 y la palabra "culpable". Esta se refiere a crímenes que conllevan la pena de muerte así en Gé 26.22; Ex 22.2; Lev 20.9, 11, 12, 13, 16, 27; Nú 35.27, 31; Dt 19.10; Jos 2.19; 2Mac 13.6; Mt 5.21-22; 26.66; Mr 3.29; 14.64; 1Cor 11.27. Quisiera subrayar que tanto Mt 26.66 y Mr 14.64 este verbo se usa como sentencia a muerte de Jesús. En Dt 19.10, se entiende que la condena por el derramamiento de sangre inocente es a muerte: "para que no sea derramada sangre inocente en medio de la tierra que Jehová, tu Dios, te da por heredad, y no seas culpado de derramamiento de sangre." Eco de este texto aparece en St 5.6: "Habéis condenado y dado muerte al justo, sin que él os haga resistencia." La muerte del justo es el asesinato de Dios, esta sería una conclusión justa a la sección 5.1-6, así como a la discusión generada a partir de 2.1. Entonces, quien quebranta un solo mandamiento aunque haya cumplido con todos los demás recibe pena de muerte.

En el verso 12 se cierra el argumento de toda la sección 2.1-12: "esto hablen y esto hagan como quienes por la ley de la libertad están a punto de ser juzgados." Nuevamente la temática de la integridad aparece, el buen hablar y el buen hacer, ambos conforman una sola cosa, producto de un solo corazón. No se puede bendecir a Dios y maldecir al ser humano hecho a su imagen: "De una misma boca proceden bendición y maldición. Hermanos míos, esto no debe ser así." (St 3.10) Lo contrario es el contenido de la sabiduría que viene de lo alto: "Pero la sabiduría que es de lo alto es primeramente pura, después pacífica, amable, benigna, llena de misericordia y de buenos frutos, sin incertidumbre ni hipocresía. Y el fruto de justicia se siembra en paz para aquellos que hacen la paz." (St 3.17-18)

La ley de la libertad es el producto de la sabiduría en el sentido de que, quien la practica, expresa el corazón íntegro y con este, el corazón mismo de Dios. De ahí que el fruto de esta justicia mayor producto de la integridad se siembra para la paz.

Santiago ve en el proceder de quienes hacen acepción de personas un final infeliz. El pobre deshonrado en la asamblea no es, para nada, el final de la historia. La sección St 5.1-6 muestra una perspectiva distinta: el juicio de Dios y desde este el desvelamiento de la realidad del honor adscrito:

> ¡Vamos ahora, ricos! Llorad y aullad por las miserias que os vendrán. ² Vuestras riquezas están podridas y vuestras ropas, comidas de polilla. ³ Vuestro oro y plata están enmohecidos y su moho testificará contra vosotros y devorará del todo vuestros cuerpos como fuego. Habéis acumulado tesoros para los días finales. ⁴ El jornal de los obreros que han cosechado vuestras tierras, el cual por engaño no les ha sido pagado por vosotros, clama y los clamores de los que habían segado han llegado a los oídos del Señor de los ejércitos. ⁵ Habéis vivido en deleites sobre la tierra y sido libertinos. Habéis engordado vuestros corazones como en día de matanza. ⁶ Habéis condenado y dado muerte al justo, sin que él os haga resistencia.

Lo que gatilla el proceder del "ustedes", el anillo de oro y el vestido espléndido en oposición a la ropa mugrienta, se revierte en el juicio de Dios: Han engordado sus corazones para el día de la matanza. Aquello que se ve como valioso, señales inequívocas del honor está en realidad en ruinas, podrida las riquezas, las ropas comidas por la polilla, el oro y la plata están enmohecidos, todas estas señales inequívocas del juicio de Dios. Constituyen la verdad oculta tras la apariencia. Confesiones claras de un pecado: la muerte del justo. Idolatría del honor adscrito, del proceder del mundo en donde la vida del justo no tiene valor y se puede arrancar impunemente. Santiago, que indica como ver desde el honor conferido de Dios, subvierte la imagen de 2.2-3. Quienes juzgan según la apariencia juzgan contra Dios. Se convierten en sus enemigos (St 4.4). El destino de los ricos es el destino del "ustedes". Se cierra el círculo hermenéutico que construye Santiago. El buen hablar y el buen hacer va por otro camino: honrar al pobre y con esto honrar la vida del justo asesinado injustamente.

La conclusión no puede ser más clara: "juicio sin misericordia para quien no haga misericordia" (2.13a), "se gloría la misericordia del juicio" (2.13b).

Reflexión final

Entonces, el hacer acepción de personas implica según St asumir una vida idólatra, subyugada por el honor adscrito en detrimento del honor de Dios que ha sido conferido a los pobres. Esta acción supone la muerte del justo y atrae a quien la practica un juicio sin misericordia.

La vida valiosa se manifiesta en la realización de este principio de validar el honor conferido. Los ricos lo desdeñan, el "ustedes" se pliegan al poder de estos. El camino de la sabiduría será el hablar bien y el hacer bien, la integridad que no tiene doblez porque se apega a la confianza en el honor conferido por Dios.

En lo que toca al tema de la imparcialidad, este deberá ser considerado en estas coordenadas. El problema de la justicia, de actuar con integridad y cosechar la paz, supone un reto para quien asume el camino de la fe/fidelidad. Será necesario buscar formas humanas de exaltar a quienes el mundo deshonra en pro de una sociedad más justa e igualitaria. Esta tarea y las consecuencias de ella forman parte de una necesidad profunda de que la humanidad como un todo aprenda a convivir en relaciones simétricas de poder. En tanto las asimetrías continúen la vida de la especie correrá peligro al justificar de diversas maneras el uso de la violencia contra quienes viven en la carencia. En cambio, si seguimos la ley de la libertad, que proviene de corazones puros e íntegros, existe la posibilidad de revertir las heridas abiertas de un mundo que celebra la violencia como una experiencia humana justa y legítima.

Los puntos de contacto entre el texto y nosotros podrán ser en un sentido evidentes si consideramos que la vida en la carencia es un asunto actual así como del pasado, pero implica además entender la justicia como una forma de relacionamiento diferente, cargado de compasión y solidaridad. Esta búsqueda podrá explorar los caminos de la sabiduría en pro de una sociedad en donde, al fin, quepamos todas y todos.

Preguntas para la reflexión

1. Defina en sus propias palabras el significado del concepto "acepción de personas"
2. Resuma los puntos centrales de este capítulo.
3. ¿Cómo explicaría usted a otra persona lo que significó para Santiago cumplir la Ley Real?
4. Resume la relación de pensamiento entre Santiago y Pablo.
5. ¿Cuál es la importancia de Levítico en el pensamiento de Santiago?
6. Escriba las conclusiones a que usted llegó luego de estudiar este capítulo.

Trabajos citados

Overman, J. Andrew; Green, William Scott . (1992). Judaism in the Greco-Roman Period . En D. N. Freedman, *The Anchor Bible Dictionary*. New Yor: Bantam Doubleday Dell Publishing Group, Inc.

Adams, E. (2000). *Constructing the World. A Stuidy in Paul´s Cosmological Language.* Edinburgh: T&T Clark Ltd.

Alonso-Schökel, Luis; Vílchez, J. . (1985). *Proverbios.* Madrid: Ediciones Cristiandad.

Arnal, W. (2001). *Jesus and the Village Scribes. Galilean Conflicts and the Setting of Q.* Minneapolis: Fortress Press.

Batten, A. (2008). God in the Letter of James: Patron or Benfactor? En J. Neyrey, & E. Stewart, *The Social World of the New Testament. Insiights and Models.* Massachusetts: Hendirickson Publishers Inc.

Bauckham, R. (2001). James and Jesus. En B. Chilton, & J. (. Neusner, *The Brother of Jesus. James the Just and His Mission.* Louisville: Westminster-John Knox Press.

Betz, D. y. (1992). First Epistle to the Corinthians. *Anchor Bible Dictionary* . New York: Dobleday.

Brosend, W. (2004). *James & Jude.* Cambridge: Cambridge University Press.

Coenen, L. B. (1985). *Diccionario Teológico del Nuevo Testamento.* Salamanca: Sígueme.

Conzelmann, H. (1975 (1969)). *1 Corinthians.* Philadelphia: Fortress Press.

Crenshaw, J. (1993). The Concept of God in the Old Testament Wisdom. En L. Perdue, & B. (. Scott, *Search of Wisdom.* Louisville: W/JKP.

Croatto, J. S. (1998). La carta de Santiago como escrito sapiencial. *Ribla* , 24-42.

Davids, P. H. (1982). *The Epistle of James. A Commentary on the Greek Text.* Michigan: William B. Eerdmans Publishing Company.

Davids, P. (1982). *The Epistle of James. A Commentary on the Greek Text.* Grand Rapids: William B. Eerdmans Publishing Company.

Dibelius, M. y. (1988 (1920)). *James.* Philadelphia: Fortress Press.

Dibelius, Martin; Greeven, Heinrich. (1988 (1920, 1975)). *James. A commentary on the Epistle of James.* Philadelphia: Fortress Press.

Downing, G. (1996). Word Processing in the Ancient World: The Social Production and Performance of Q. *JSNT, 64*, 29-48.

Elliot, J. H. (2008). The Epistle of James in Rhetorical. En J. Neyrey, & E. (. Stewart, *The Social World of the New Testament.* Massachusetts: Hendrickson Publishers, Inc.

Elliot, J. (1996). Patronage and Clientage. En R. (. Rohrbaugh, *The Social Sciences and New Testament Interpretation.* Massachusetts: Hendrickson Publishers.

Eusebio. (1973). *Historia Eclesíastica* (Vol. Tomo 1). Madrid: Biblioteca de autores cristianos.

Flor, G. y. (2000). *Diccionario de la ciencia bíblica*. Navarra: Editorial Verbo Divino.

Foulkes, I. (1996). *Problemas pastorales en Corinto. Comentario exegético-pastoral a 1 Corintios*. San José: DEI.

George, Augustin; Grelot, Pierre (Dirs). (1983). *Introducción crítica al Nuevo Testamento*. Barcelona: Editorial Herder.

Goetchius, E. (1965). *The Language of the New Testament*. USA: Charles Scribner's Sons.

Harris, W. (1991). *Ancient Literacy*. U.S.A.: Harvard University Press.

Hartin, P. (1991). *James and the "Q" sayings of Jesus*. England: Sheffield Academic Press.

Hays, R. (2002). *The Faith of Jesus Christ. The Narrative Substructure of Galatians 3.1-4.11*. Grand Rapids: William B. Eerdmans Publishing Company.

Johnson, L. T. (1982). The use of Leviticus 19 in the Letter of James. *Journal of Biblical Literature*, *101* (3), 391-401.

Kloppenborg, J. (2000). *Excavating Q. The History and Setting of the Sayings Gospel*. Minneapolis: Fortress Press.

Kraus, H.-J. (1995). *Los salmos. Vol. II Salmos 60-150*. Salamanca: Sígueme.

Levine, L. I. (1992). Herod the Great. En D. N. Freedman, *The Anchor Bible Dictionary*. New York: Bantam Doubleday Dell Publishing Group, Inc.

Longenecker, R. (1990). *Galatians*. Dallas: Word Books Publisher.

Malina, B. (1993). Faith/Faithfullness. En B. Malina, & J. (. Pilch, *Handbook of Biblical Social VAlues*. Massachusetts: Hendrickson Publishers.

Malina, B. (2002). Patrón y cliente. La analogía subyacente a la teoalogía de los sinópticos. En B. Malina, *El mundo social de Jesús y los evnagelios*. Bilbao: Sal Terrae.

Malina, B. (1981). *The New Testament World. Insights from Cultural Antropology*. Alanta: John Knox Press.

Malina, B. (1981). *The New Testament. Insights from Cultural Antropology*. Atlanta: John Knox Press.

Malina, B. (2001). *The Social Gospel of Jesus. The Kingdom of God in Mediterranean Perspective*. Minneapolis: Fortress Press.

Malina, B. y. (2006). *Social-Sciense Commentary on the Letters of Paul*. . Minneapolis: Fortress Press.

Malina, Bruce & Rohrbaugh, Richard. (1992). *Social-Science Commentary on the Sinoptic Gospels*. Minneapolis: Fortress Press.

Malina, Bruce y Pilch, John. (2006). *Social-Sciense Commentary on the Letters of Paul*. Minneapolis: Fortress Press.

Martin, R. P. (1988). *James*. Nashville: Thomas Nelson Publishers.

Marxen, W. (1983 (1963)). *Introducción al Nuevo Testamento. Una iniciación a sus proiblemas.* Salamanca: Editorial Sígueme.

Meeks, W. (1988). *Los primeros cristianos urbanos. El mundo social del apóstol Pablo.* Salamanca: Sígueme.

Mena, F. (2009). *El escrito sapiencial de Santiago: un peregrinaje por la integridad.* San José: -material provisional-.

Mena, F. (2003). Pruebas: formadoras de integridad. *Revista Ecuménica*, 101-142.

Metzger, B. (1994). *A Textual Commentary on the Greek New Testament.* Stuttgart: United Bible Societies.

Michael, O. (1980). Fe. En L. Coenen, E. Beyreuther, & H. (. Bietenhard, *Diccionario Teológico del Nuevo Testamento* (Vol. I, pág. 170ss). Salamanca: Sígueme.

Moxnes, H. (1991). Patron-client Relations and the New Communty in Luke-Acts. En J. Neyrey, *The Social World of Luke-Acts. Models for Interpretarion.* Massachusetts: Hendrickson Publishers.

Myers, C. (1988). *Binding the Strong Man. A Political Reading of Mark's Story of Jesus.* Maryknoll: Orbis Books.

Neyrey, J. (2005). *Honor y vergüenza. Lectura cultural del evangelio de Mateo.* Salamanca: Sígueme.

Neyrey, J. (1998). Wholeness. En B. Malina, & J. (. Pilch, *Handbook of Biblical Social Values.* Peabody: Hendrickson Publishers.

Niditch, S. (1996). *Oral Work and Written World: Anciente Israelite Literature.* Louiseville: Westminster-John Knox.

Perdue, L. (1993). Wisdom in the Book of Job. En L. Perdue, & B.-W. (. Scott, *Search of Wisdom. Essays in Memory of John G. Gammie.* Louisville: W/JKP.

Philo. (2002). *The Works of Philo. Complete an Unabridged. Translated by S.D. Young.* USA: Hendiricson Publishers.

Pickett, R. (1997). *The Cross in Corinth. The Social Significance of the Death of Jesus.* Sheffield: Sheffield Academic Press.

Robbis, V. (1992). Form Criticism: New Testament. En D. N. Freedman, *The Anchor Bible Dictionary.* New York: Double Day.

Rohrbaugh, R. (2007). *The New Testament in Cross-Cultural Perspective.* USA: Wipf & Stock Publishers.

Ruck, C. (1972). *Ancient Greek. A New Approach.* USA: MIT Press.

Schüssler-Fiorenza, E. (2001). *Por los caminos de la Sabiduría. Una introducción a la interpretación feminista de la Biblia.* España: Sal terrae.

Stegemann, E. W.; Stegemann, W. (2001). *La historia social del cristianismo primitivo.* España: Verbo Divino.

Stowers, S. (1992). Letters. En D. N. Freedman, *The Anchor Bible Dictionary*. New York: Doubleday.

Strack, H.L.; Stemberger, G. (1988). *Introducción a la literatura Talmúdica y Midrásica*. España: Verbo Divino.

Thomas, R. (1999 (1992)). *Literacy and Orality in Ancient Greece*. Cambridge: Cambridge University Press.

Wikenhauser, Alfred; Schmid, Joseph . (1978). *Introducción al Nuevo Testamento. Edición totalmente renovada*. Barcelona: Editorial Herder.

Zerwick, M. (1963). *Biblical Greek*. Roma: Scripta Pontificii Instituti Biblici.

Zimmermann, H. (1969). *Los métodos histórico-críticos del Nuevo Testamento*. Madrid: Biblioteca de Autores Cristianos.

Declaración de Misión

VISIÓN MUNDIAL INTERNACIONAL es una confraternidad internacional de cristianos cuya misión es Seguir a Jesucristo, nuestro Señor y Salvador trabajando con los pobres y oprimidos para promover la transformación humana, buscar la justicia y testificar de las buenas nuevas del Reino de Dios.

Procuramos cumplir esta misión por medio de un compromiso integral e integrado con:

Un desarrollo transformador sostenible

basado en la comunidad, con atención especial a la problemática de la niñez;

Ayuda en situaciones de emergencia

para socorrer a las personas afectadas por conflictos o desastres;

La promoción de la justicia

que busque el cambio de las estructuras injustas que oprimen a los pobres con quienes trabajamos;

Iniciativas estratégicas

que apoyen a la iglesia en el cumplimiento de su misión;

La concientización del público

para que comprenda la problemática de la pobreza, lo cual conduzca a compartir recursos, comprometerse y orar;

El testimonio de Jesucristo

por medio de la vida, hechos, palabras y señales que estimulen a las personas a responder al evangelio.

Este libro fue distribuido por cortesía de:

Para obtener tu propio acceso a lecturas y libros electrónicos ilimitados GRATIS hoy mismo, visita:
http://espanol.Free-eBooks.net

Comparte este libro con todos y cada uno de tus amigos de forma automática, mediante la selección de cualquiera de las opciones de abajo:

Para mostrar tu agradecimiento al autor y ayudar a otros para tener agradables experiencias de lectura y encontrar información valiosa, estaremos muy agradecidos si
"publicas un comentario para este libro aquí".

INFORMACIÓN DE LOS DERECHOS DEL AUTOR

Free-eBooks.net respeta la propiedad intelectual de otros. Cuando los propietarios de los derechos de un libro envían su trabajo a Free-eBooks.net, nos están dando permiso para distribuir dicho material. A menos que se indique lo contrario en este libro, este permiso no se transmite a los demás. Por lo tanto, la redistribución de este libro sín el permiso del propietario de los derechos, puede constituir una infracción a las leyes de propiedad intelectual. Si usted cree que su trabajo se ha utilizado de una manera que constituya una violación a los derechos de autor, por favor, siga nuestras Recomendaciones y Procedimiento de Reclamos de Violación a Derechos de Autor como se ve en nuestras Condiciones de Servicio aquí:

http://espanol.free-ebooks.net/tos.html

www.ingramcontent.com/pod-product-compliance
Lightning Source LLC
Chambersburg PA
CBHW041532220426
43662CB00002B/35